もくじ

スペシャルマンガ 魔法のリボン	2
♥キラキラ女子は見た目が命！ キホンのおしゃれワード	6

第1章 まずは自分を知ることが大事！

マンガ ヒミツのおしゃれレッスンその1　自信を持ってキラキラ女子に★	8,39
Test 1　ミユウが教室の中でいちばんはじめに目にしたものは？	11
Test 2　いまのあなたのファッションの自信度は？	13
Test 3　あなたがいちばん大切にしているものは？	15
Test 4　ズバリ！ あなたの体のコンプレックスは？	17
Test 5　あなたの甘えんぼさん度はどれくらい？	27
Test 6　あなたの願いはなに？	29
Test 7　あなたがあこがれる女の子のタイプは？	31
Test 8　あなたのナイーブ度は？	33
♥なやみなんてふきとばせ！ おなやみ別ファッションテク	22
♥顔型別！ にあうえりの形紹介♥	25
♥ファッションテクで！ あこがれの小顔を手に入れよう！	26
♥これだけはそろえておきたい！ ファッションアイテム	35
♥Lesson 自信がもっとつく！① 姿勢を良くして、気分をUP!!	42
♥Lesson 自信がもっとつく！② キレイな笑顔でハッピーに★	43

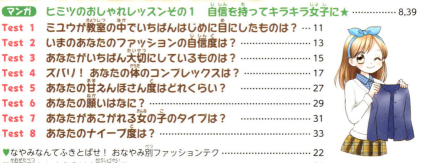

第2章 友ともっと仲よくなれるおしゃれ♥

マンガ ヒミツのおしゃれレッスンその2　おしゃれで友ともっと仲よしに	44,81
Test 9　今日のカホのスタイルに合わせるなら、どの服にする？	47
Test 10　あなたにピッタリの親友のつくり方は？	49
Test 11　あなたの盛り上げ度は？	59
Test 12　友だちのヒミツを守れる？	61
Test 13　困っている友だちを見つけたら？	77
Test 14　あなたにピッタリな仲直り方法は？	79
♥友情が深まるかも！ その1　友ウケ★かんたんデコレッスン	51
♥友情が深まるかも！ その2　ときめき♥ギフトセレクション	54
♥楽しさUP↑↑の習いごと♥ファッション	56
♥友情が深まるかも！ その3　友だちから相談を受けたときの聞き上手テク！	63
♥お出かけ前にチェック★　今日のハッピー2co1友コーデ	64
♥あなたがデザイナー ファッションおしゃれテク	74
♥友情が深まるかも！ その4　キズナを深める伝えたいコトバ！	76
♥ポーズはVサインだけじゃない！ 写真うつり向上テク！	84

第3章　恋が芽生えるファッションテク

マンガ　ヒミツのおしゃれレッスンその3　おしゃれで恋を引きよせちゃお♥ ……… 86,113

Test 15 明日は気になる男の子といっしょの委員会。どの服を着ていく？ ………… 89
Test 16 あなたのモテ期は…？ ………………………………… 91
Test 17 あなたにピッタリのアピール法は？ ……………………… 93
Test 18 あなたにピッタリのアタック法は？ ……………………… 95
Test 19 あなたの恋のなやみ解決法は？ …………………………… 97
Test 20 あなたのイメチェン願望度は？ …………………………… 101
Test 21 あなたの失恋立ち直り度は？ ……………………………… 103
Test 22 あなたの夢見る夢子さん度は？ …………………………… 105

♥恋も引きよせる!? その1　キラキラ フェイスケア ………………… 99
♥恋も引きよせる!? その2　好印象の美しぐさ ……………………… 100
♥男子ウケ×　うっかりファッション ………………………………… 107
♥おしゃれで恋をキャッチ！ ハッピーイメージチェンジ …………… 108
♥今日のモテ度 UP！ LOVE おまじない ……………………………… 110
♥もしやあなたも…？ 自分の行動、要注意！ 男子が思わず引いちゃう女子 … 112
♥女子の敵は女子？ あなたの恋をじゃまする女友だち！ …………… 116
♥あなたにピッタリのカレシは？？ …………………………………… 117
♥男の子に聞いたよ！ キラモテ♥ファッション ……………………… 120
♥もしもデートするなら… あこがれのデートファッション ………… 122

第4章　上級おしゃれガールになろう！

マンガ　さらに魅力 UP ↑ 上級おしゃれテクでキラキラのハッピーライフに★ ….. 124,165

Test 23 気になったアイテムはどれ？ ……………………………… 127
Test 24 あなたのかくれた性格をあらわす動物は？ ……………… 129
Test 25 あなたのエネルギー度は？ ………………………………… 131
Test 26 他人から見たあなたは？ …………………………………… 137
Test 27 あなたのコンサバ度は？ …………………………………… 138
Test 28 あなたの目指すべきレディは？ …………………………… 140
Test 29 あなたの自立度は？ ………………………………………… 151
Test 30 あなたの流行敏感度は？ …………………………………… 153
Test 31 あなたの空気読み度は？ …………………………………… 155
Test 32 あなたの運命の引きよせ度は？ …………………………… 163

♥キラぴな色でわかる!! 今日のハッピーカラー占い …………………… 133
♥Lesson　ワンランク上になる！ その1　キモチが UP する魔法の習慣5！ … 136
♥上質レディになる！ 服をえらぶときの大事なコト！① ………………… 150
♥Lesson　ワンランク上になる！ その2　ステキなテーブルマナーを身につけよう … 158
♥Lesson　ワンランク上になる！ その3　およばれカンペキマナー！ … 160
♥上質レディになる！ 服をえらぶときの大事なコト！② ………………… 162
♥夢をかなえる！ マイドリームノート ……………………………………… 168
♥ヒミツのおしゃれレッスンのおさらい …………………………………… 172

キラキラ女子は見た目が命！
キホンのおしゃれワード

いろいろな服の種類を知るのはとても大切なことだよ★
よ〜く見て、名前を覚えてね。

トップス

Tシャツやブラウスなど、上に着る服のことをいうよ。

◀チェックシャツ
オールシーズン着られるシャツ。カジュアルの定番だよ。

◀カットソー
Tシャツ素材でつくられたトップスのことをいうよ。いろいろな形や色のものを持っていると便利★

スウェット▶
厚手の生地でスポーティなスタイルにぴったり！汗をよく吸い取ってくれるよ。

レイヤードトップス▶
重ね着をしているように見えるトップス。ニットやトレーナーの下からレースやチュールが見えているものがおしゃれだよ。

ボトムス

スカートやパンツなどのことをいうよ。

◀デニショー
デニムのショートパンツのことをいうよ。オールシーズンはけて、ブーツスタイルにもぴったり♥

フリルキュロット▶
すそが広がっているスカートっぽいショートパンツ。すそやウエストにフリルがついているよ。

ティアードスカート▶
段で切りかえてあるギャザースカートのことをいうよ。

サロペット▼
つりひもや胸あてがついているスカートやパンツのこと。「オーバーオール」ともいうよ。

アウター

コートやジャンパーなど、上にはおる服のことをいうよ。

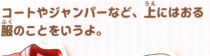

スタジャン ▶
スタジアムジャンパーのこと。胸にワッペンや刺しゅうなどのかざりがついているよ。

▲ ダウンジャケット
中に羽毛の入ったジャケット。軽くてとっても暖かいよ。

◀ ダッフルコート
厚手の生地で、角型の"トグル・ボタン"をロープの輪（ループ）にかけて留めるよ。

▲ モッズコート
すそとウエストのところにひもがついてる、フードつきコート。カーキ色が定番でクールな着こなしにピッタリだよ。

くつ

足元のおしゃれは欠かせないよ。色やデザインも季節ごとに楽しんで♪

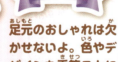

◀ レースアップブーツ
ひものついてるブーツのこと。赤やピンクのものがオススメ。ロックな雰囲気が出るよ。

ハイカットスニーカー ▼
足首のところまで高さのあるスニーカー。スキニーパンツやミニ丈とも合うよ。ひもの色を変えてコーディネートしてもイイよ♥

▲ スリッポン
正式には「スリップ・オン・シューズ」。くつべらがなくてもはくことができるスニーカーで、いろいろなデザインのものがあるよ。

ブーティ ▶
くるぶし丈のショートブーツ。パンツスタイルやスカートスタイルにもピッタリ♥ハイソックスを合わせても good！

がんばる！

名前を覚えれば雑誌や友だちとの話にもついていけるよ!!

7

Test 1 診断
あなたの かくれたミリョク♥

自分では気づいていないだけで、本当はだれにでもステキなところがあるよ！あなただけのミリョクをアピールして、毎日をもっとキラキラさせちゃおう♥

🅐 をえらんだ子は…
コーデ能力がばつぐん！

あなたはスタイルがよく見えるような服のバランスを考えたり、模様を合わせたりするのが得意。ほかの人が思いつかないようなステキなコーデで、友だちからもお手本にされちゃうかも!?

このトップスならスカートはコレ！

🅑 をえらんだ子は…
カラーセンスが最高！

あなたは相性のいい色の組み合わせが本能的にわかるタイプ。色をたくさん使いすぎてハデになることや、色が足りなくて地味になることもないよ。はなやかで上品なおしゃれを楽しめそう。

このワンピに合わせるならこの色！

🅒 をえらんだ子は…
ヘアアレンジならおまかせ！

手先が器用なあなたは髪を編んだり、お団子にまとめたりするのが得意！ ピンやカチューシャなども使って、どんな長さの髪の毛でもかわいくアレンジしそう。

🅓 をえらんだ子は…
バッグやくつでおしゃれ上級者に！

あなたにはステキな小物をえらぶセンスがあるみたい。個性的なデザインのバッグやくつは、小さくても存在感ばっちり！ あなたらしいおしゃれのアクセントになるよ。

このテストでわかるのは

Test 2 いまのあなたの
ファッションの自信度は？

あなたがいつも着ている服にいちばん近いのは？
A〜Dからえらんでね。

第1章 まずは自分を知ることが大事！

A ドハデなデザインの
個性派ファッション

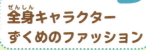

B 全身キャラクター
ずくめのファッション

C デニムやパーカー
などのカジュアル
ファッション

D おとなしめの
色や形の優等生
ファッション

診断結果は次のページ！ 13

Test 2 診断
いまのあなたのファッションの自信度

自信がなくてもだいじょうぶ！ ちょっとした工夫でいまよりももっとステキなあなたになれるよ♥

A をえらんだ子は…
自信度 60％

まわりからみとめられたいのに、なかなかアピールできないあなた。目立つアイテムをひとつにしぼってバランスを取ってみたら？友だちとはちがったセンスをアピールできるよ。

B をえらんだ子は…
自信度 35％

自分のセンスを否定されるのがこわいのかもしれないね。でも、いくら好きでも同じキャラものばかりではつまらないよ。おしゃれだと思う友だちのファッションを観察すると、おしゃれがもっと楽しくなるはず！

C をえらんだ子は…
自信度 75％

自分を女の子らしく見せることがニガテみたいね。小さなアクセサリーや、キラキラしたストーンがついているファッションをさりげなく取り入れてみて。あなたの中性的な魅力がもっと引き立つよ！

D をえらんだ子は…
自信度 40％

まわりから浮きたくないキモチが強いタイプみたいね。帽子、くつ、バッグなどを目立つ色に変えてみるだけでもアクセントになっていいよ。

Test 3 このテストでわかるのは あなたがいちばん大切にしているものは?

ふたつの絵をくらべてみてね。ちがうところがあるよ。最初にちがいを見つけたところはどこかな? A～Dからえらんでね。

第1章 まずは自分を知ることが大事!

A ヘアアクセの形
B ブラウスのボタンの大きさ
C 瞳の色
D ブーツの長さ

診断結果は次のページ!

Test 3 診断
あなたがいちばん大切にしているもの

チャームポイントに気づいてかがやかせることができたら、おしゃれはもっともっと楽しくなるよ。

A をえらんだ子は…
キレイな髪の毛が自慢！

髪の色やツヤを生かして、かわいいヘアアレンジにも挑戦してみよう！

B をえらんだ子は…
スタイルの良さをアピール♥

体にピタッとした洋服をえらぶと、あなたのスタイルの良さがもっと伝わるよ！

C をえらんだ子は…
くるくる変わる表情が魅力的！

鏡の前で笑顔の練習をしてみよう。かわいい笑顔がつくれるようになるよ。

D をえらんだ子は…
足の長さや、形の良さが武器！

ミニスカートやショートパンツなどをはいて、足をどんどん出しちゃおう！

このテストでわかるのは

ズバリ！あなたの体のコンプレックスは？

これから5つの問題を出すよ。自分の感覚に近いものをA〜Dからえらんでね。

Q1

右の絵をよく見てね。水着の女の子にアイテムをひとつ増やすとしたら、あなたはどれをえらぶ？

 パーカー

 アクセサリー

C サンダル

D 麦わら帽子

第1章 まずは自分を知ることが大事！

Q2 あなたはモデルさん。スタジオで撮影をすることになったよ。最初にどんなポーズを取る？

A 体をななめにする

B 椅子にすわって足を組む

C 高くジャンプ！

D 顔の横でピース

Q3 あなたが結婚式で着たいのはどれ？

A マーメイドラインのドレス

B 白むく

C 色打ち掛け

D プリンセスラインのドレス

Q4 あなたが気になるネイルの模様はどれ？

 A ビビッドカラー
 B キラキラストーン
 C フレンチ
 D マーブル

Q5 あなたは女スパイ。変そうするならどのウイッグをえらぶ？

A 細あみミックス
B 夜会巻き

C 金ぱつ巻き髪
D ベリーショート

第1章 まずは自分を知ることが大事！

あなたがえらんだ答えを数えてね。いちばん多いのはどれかな？

 A ［　］こ
 B ［　］こ
 C ［　］こ
 D ［　］こ

診断結果は次のページ！

19

あなたの体のコンプレックス

Test 4 診断

コンプレックスのない人なんてどこにもいないよ！ なやむより自分がどうなりたいかをしっかり知ることが、おしゃれへの第一歩！

A が多かった子は…
ぽっちゃりコンプレックス

B が多かった子は…
童顔コンプレックス

体の丸みが気になるあなた。体をかくすような洋服ばかり着ていない？ 女の子らしい、やさしい雰囲気を生かせるコーデがオススメ♥

実際よりも幼く見られることが多いあなた。落ちついた色や模様を取り入れてみて。ファッションが変わると、言葉づかいや行動も自然とおとなっぽくなるはず。

みんなはまだまだ成長の途中

これからも体はどんどん大きくなるし、背も高くなったり、ほっそりしたりと…めまぐるしく変化が起きるかもしれないよ。この先、コンプレックスに思っていることが気にならなくなるかもしれないけれど、参考にしてみてね。

Cが多かった子は…
Sサイズコンプレックス

背が低いことがなやみのあなた。スカートやパンツが長すぎるとバランスを取るのがむずかしいよね。
上半身に視線を集中させるような小物（マフラーやヘアアクセなど）を使ってみよう！

Dが多かった子は…
ビッグフェイスコンプレックス

顔の大きさが気になるあなた。みんなより一歩下がって写真を撮ったりしていない？えりが開いて首まわりがすっきりとした服や、大きめのヘアアクセを取り入れると小顔効果が生まれるよ。

第1章　まずは自分を知ることが大事！

おなやみ別ファッションテク
なやみなんてふきとばせ！

背が低い人

背が低い人は目線を上に持ってくることでスラッと見えるよ。

Before

腰より下にポイントを持ってきてしまうと、バランスが悪く、よけいに小さく見えてしまうよ。

✕ スカートが長すぎる

✕ ウエストにシャツを巻く

After

ハデ色トップス

切りかえで目線を上に

柄や模様が小さめのもの

スラッと美人にだいへんしん♡

ADVICE
- ハデ色トップスなど上にポイントを持ってくる！
- 柄や模様は細くて小さいものに！
  ※小さい体に大きいお花の模様は体以上に模様がめだっちゃうよ。
- ハイウエストのものをえらぶ！
  ※ハイウエストは足がなが〜く見えるよ！

22

ぽっちゃりさん

ぽっちゃりさんは同じ色のものでコーディネートすると、スッキリ見えるよ。服をえらぶときも、たて長シルエットを意識してみて★

Before

メリハリ感のない色やデザインは太って見えるよ。

✕ 淡い色の太いボーダーデザイン

✕ トップスもボトムスもふわっとしたシルエット

After

○ アウター、トップス、ボトムスも同色系で統一

○ 切りかえのあるトップス

同色コーデでスリム美人に♥

ADVICE

● あえてミニスカ&ショーパンで足はかくさず見せる！
● 黒やネイビーなど濃い色のカーデなどをはおるとすっきりしまって見えるよ！
● スカートのすそが広がったデザインだと太めの足も細く見える。

コンプレックスはだれにでもあるけれどおしゃれの力でミリョクに変えちゃお♥

24

顔型別！ にあうえりの形紹介♥

顔の形で、にあう"えり"があるって知ってた？
自分ににあう"えりの形"を知って、ますますかわいくなっちゃおう！

基本の顔型

丸顔　たまご顔　四角顔　逆三角形顔

丸えり

丸顔、たまご顔、逆三角形顔の人にオススメ♥

かわいらしい印象の丸えりは、丸顔さんが着るとキュートに。逆におとなっぽく見られるたまご顔さんや逆三角形顔さんが着ると、かわいらしさが出て新鮮だよ★

セーラーカラー

たまご顔、四角顔の人にオススメ♥

愛らしくボリューム感があるセーラーカラーは、たまご顔さんが着るとかわいらしさが、四角顔さんが着ると、やわらかさが出てgood！

Vネック

丸顔、四角顔の人にオススメ♥

鎖骨がしっかり見えるVネックは顔がすっきり見えるよ。丸顔や四角顔さんが着ると、顔が小さく、ほっそり見えて、とってもいいよ！

シャツえり

全ての顔型にOK！

きちんと感のあるシャツえりはどんな顔型の人が着ても、清潔感が出てとってもステキだよ。

ハイネック

たまご顔、逆三角形顔の人にオススメ♥

首が長く、クールな印象になるハイネックは、たまご顔や逆三角形顔さんが着ると、よりシャープさが出てカッコいい印象に。逆に丸顔や四角顔さんが着ると、顔が大きく、太って見えちゃうこともあるから、ダークな色はなるべく避けて、明るめの色のものをえらんで！

25

Test 5

このテストでわかるのは

あなたの甘えんぼさん度はどれくらい？

小人の靴屋があなたにぴったりな靴をつくったよ。
どんな靴かな？　A〜Dからえらんでね。

A エンジニアブーツ

B ローファー

C ハイカットスニーカー

D バレエシューズ

第1章　まずは自分を知ることが大事！

診断結果は次のページ！

27

Test 5 診断
あなたの甘えんぼさん度

たよられキャラ、甘えんぼキャラなあなたもファッションを変えるだけでちがう自分になれたりするよ。

A をえらんだ子は…
20%

存在感のあるエンジニアブーツをえらんだあなた。みんなからたよりにされるお姉さん的存在かも。

B をえらんだ子は…
40%

スクールイメージが強いローファーをえらんだあなた。優等生タイプのあなたは、たよったりたよられたりするのが上手そう。

C をえらんだ子は…
60%

カジュアルで動きやすいハイカットスニーカーをえらんだあなた。ちゃっかりお願いができちゃうマイペースなところがあるみたい。

D をえらんだ子は…
80%

ロマンティックでかわいらしいバレエシューズをえらんだあなた。守ってあげたくなるような雰囲気で、お願いごとはなんでも聞いてもらえそう。

Test 6 — このテストでわかるのは あなたの願いはなに?

ゆびわには願いをかなえる力があるといわれているよ。あなたは親指以外の8本の指のうち、どの指にはめる? 1〜8からえらんでね。

第1章 まずは自分を知ることが大事!

診断結果は次のページ!

Test 6 診断 あなたの願いはコレ！

思いをこめたゆびわを、夜寝るときにはめてみてね。
もしかしたら本当に願いがかなうかもしれないよ!?

左手

1 左手の小指
チャンスを
つかみたい

2 左手の薬指
安定した幸せを
手に入れたい

3 左手の中指
友だちと
仲よくなりたい

4 左手の人差し指
積極的に
なりたい

右手

5 右手の人差し指
集中力を
身につけたい

6 右手の中指
パワーアップして
元気になりたい

7 右手の薬指
自分らしく
いたい

8 右手の小指
自分の魅力を
アピールしたい

Test 7 診断 あなたがあこがれる女の子のタイプ

なりたいイメージの色を身につけるだけで、あなたもあこがれの女の子になれちゃう！ステキなカラーマジックね♥

1 赤をえらんだ子は…
心も体も元気いっぱい！

新しいことやむずかしいことにチャレンジするときにパワーをもらえるよ。

2 黄色をえらんだ子は…
明るくてピュア

新しく友だちをつくりたいときに身につけると仲よしになれるよ。

3 緑をえらんだ子は…
ナチュラルないやし系

やさしくおだやかなキモチになれるので、なやみごとの相談にのるときにピッタリ！

4 青をえらんだ子は…
知的で冷静

自分の感情をうまくコントロールしたいときに身につけてみて。

5 紫をえらんだ子は…
ちょっぴりミステリアス

音楽や美術にふれると感受性が豊かになって、ほかの人にはない魅力がUP！

6 黒をえらんだ子は…
クールでカッコいい

強い意志や自信をあたえてくれるので、おとなっぽく見せたいときにもオススメ。

Test 8

このテストでわかるのは

あなたのナイーブ度は？

人魚姫のあなた。魔法の薬で人間になれたら、どんなボトムスをはきたい？ A〜Dからえらんでね。

A 元気いっぱい！ショートパンツ

B 清楚な巻きスカート

C クールなカーゴパンツ

D ロマンティックなフリルスカート

第1章 まずは自分を知ることが大事！

診断結果は次のページ！

Test 8 診断 あなたのナイーブ度

まわりを気にしすぎて自分らしさを失うのはもったいない！
自分と相手のキモチのバランスをうまく取れるようになったら、
もっとステキなレディになれちゃうよ♥

A をえらんだ子は…
ナイーブ度 10 ％

イヤなことがあってもすぐに気分転換ができるタイプ。まわりの友だちのことも気にかけてあげないと「鈍感」って思われちゃうかも。

B をえらんだ子は…
ナイーブ度 40 ％

自分では気をつかっているつもりだけれど、大事なところを見落としていそうなタイプ。目に見えないところは想像力を働かせてみて。

C をえらんだ子は…
ナイーブ度 60 ％

表向きは気にならないように見せかけているけれど、心の中では「なぜ？ どうして？」と気になってしまうタイプ。時にはスナオに表現したほうがいいこともあるよ。

D をえらんだ子は…
ナイーブ度 80 ％

気になることがあると夜もねむれなくなってしまうタイプ。自分ではどうにもならないことは、きっぱりあきらめてしまうとキモチがラクになるよ。

これだけはそろえておきたい！
ファッションアイテム 春

春は新しい季節の始まり♥ 明るく元気な色のものをえらべば、
幸せ気分も UP するよ。いろいろなことにチャレンジしてみてね!!

カラーショーパン
ピンクや黄色などのパキッとした色の
ショートパンツをはいてハツラツと！

サスペンダー
太めのサスペンダーをつけ
ればちがった雰囲気に♥

プラス ＋

ライン入りソックス
ライン入りのソックスは新学期にピッタリ！

ハイカット スニーカー
カラフルなものをえらぶと、
おしゃれ度が UP するよ。

ロゴトレーナー
春らしいパステルカラー
に、大きめのロゴがかか
れているものが◎。

ギンガムチェックの カチューシャ
リボンがついているものなど、
かわいいものをえらんで★

リュック
大きめのロゴがかいて
ある元気なデザインの
ものがいいよ。

35

これだけはそろえておきたい！
ファッションアイテム 夏

あつ〜い夏…そんな季節にも負けない、すずしげスタイルで、
おしゃれサマーガールを目指しちゃおう！

カンカン帽
麦わら帽子なら夏らしさがグンとUP！
リボンの色は好きなものをえらんでね。

ウェッジサンダル
サンダルは歩きやすいウェッジサンダルを！ 黄色などの明るい色のものをえらんで、足元はちょっとハデに★

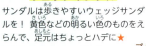

プラス ＋

シースルーソックス
ふつうのソックスではなく、すけ感のあるものだとすずしげな印象に★

柄ワンピ
ひまわりなど夏らしい柄のノースリーブワンピがステキ♥
サマーニットを重ね着しても◎。

ボーダーTシャツ
肩にリボンがついているマリンボーダーのもので女の子らしく★

貝やフルーツのアクセ
貝やレモンなどのモチーフアクセをつけてはなやかに！

かごバッグ
夏はやっぱりかご！ 一気に夏らしくなるよ!!

36

これだけはそろえておきたい！
ファッションアイテム 秋

秋はお出かけしやすい季節。「秋カラー」のものをえらんで、おとなっぽさを出してみて！落ちついた色のものが多いから小物を上手に取り入れるのがコツ★

ベレー帽
グレーやネイビーなど落ちついた色がオススメ！リボンなどがワンポイントでついているものもステキだよ。

ワッペンつきカーデ
うでのところにラインが入っているものをえらぶとgood！

レースアップブーツ
色は茶色やボルドーにすると、おとなっぽい印象に★

プラス ＋

ベルト
ポイントになるし、おしゃれさんに見えるよ♥

チェックジャンスカ
色は赤がオススメ！短めの丈でフレアのものをえらんでね。

ボストンバッグ
白に秋色のベージュがアクセントになっているものなど、シックなものをえらんでね。

中綿ベスト
暖かな中綿ベストなら、中にTシャツ、ニットと、温度調節ができてとっても便利！

37

これだけはそろえておきたい！
ファッションアイテム 冬

冬は寒くておうちに引きこもりがち。ふわモコあったかアイテムで元気にかわいくすごそう！

ニットキャップ
ボンボンやリボンがついているものをえらんで。元気でかわいい印象になるよ。

ポンチョコート
ミントグリーンやピンクなど、かわいらしい色のものがオススメ！ 大きめのボタンやリボンがついているものだと、とってもラブリーだよ。

ファーのつけえり
えりもとにファーがついているだけでゴージャスに！ 白だと雪うさぎみたいでかわいいよ♥

スカパン
スカートつきパンツ。フリルがついているものでキュートにはいちゃお♥

えりつきプルオーバー
白えりのついたプルオーバーならロマンティックな感じでステキだよ。

ムートンブーツ
靴の中がボアだから、とっても暖かいよ。キレイな色のものをえらんで足元をおしゃれに★

手ぶくろ
ピンクなどのかわいい色のもので、ミトンだとより◎。

ファーつきトート
真っ白なファーつきトートなら寒い冬でもかわいさバツグン‼

11ページからのマンガの続き…

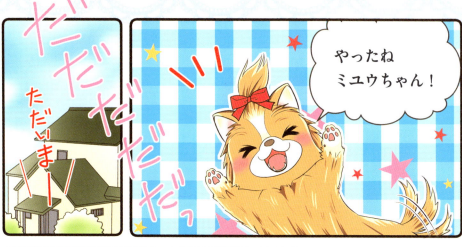

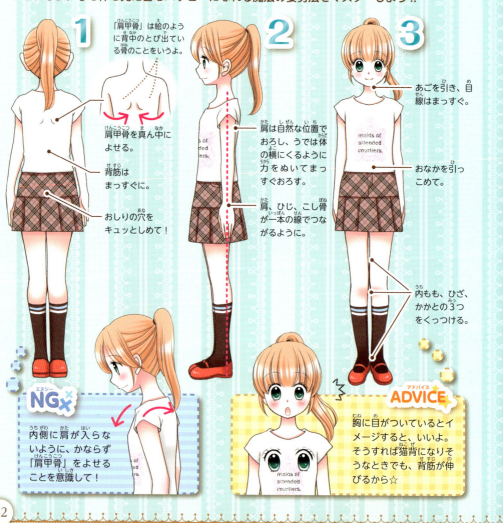

Lesson 自信がもっとつく！② キレイな笑顔でハッピーに★

ニコニコとしたやさしい笑顔は幸せのシンボル★ 笑顔になれば、自分も明るいキモチになるし、まわりのみんなも幸せな気分になるよ。さあ、今日から口角を上げて、キラキラスマイル美人になろう！

1

図のように口の両サイド（口角）がキュッと上がるようにしてみて。

2

そのまま歯をしっかり見せよう。

ADVICE

表情を明るくしてくれるファッションは？

ミントグリーンややさしめの明るいピンクなどのトップスをえらぶといいよ。
ほかにもカチュームをつけたり、ボーダーや元気色のチェックシャツ、肩にキレイ色のカーデをかけるだけでも顔まわりがはなやかになるから、ためしてみてね♥

あなたと気が合う友だちのタイプ

仲よくなれるかも！ と思った自分のカンを信じてみて。相手もきっと、あなたと友だちになりたいと思っているはずだよ。まずは、勇気をもって話しかけてみよう。

をえらんだ子は…
元気いっぱいのあなたに合うのは、
ノリのいい子！
映画館や遊園地に行ったり、ホームパーティーをしたり、楽しいイベントをいっしょに体験しよう。思い出の数だけ仲も深まるよ。

をえらんだ子は…
ひかえめで女の子らしいあなたに合うのは、
やさしい子！
積極的に自分をアピールしなくても、あなたの良さをわかってくれる子がピッタリ。自然体でつきあっていけるよ。

をえらんだ子は…
エレガントではなやかなあなたに合うのは、
おしゃれな子！
ファッション雑誌を見て話したり、いっしょに買い物に行ったりしよう。おたがいのファッションセンスも高められて◎。

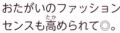

をえらんだ子は…
マジメな優等生タイプのあなたに合うのは、
責任感が強い子！
約束をきちんと守ったり、ヒミツをバラしたりしない子にあなたは心を開けるみたいだね。深い信頼関係で結ばれた友だちとは長いつきあいになりそう。

Test 10

このテストでわかるのは

あなたにピッタリの親友(しんゆう)のつくり方(かた)は？

ワンピースにリボンをつけるなら、あなたはどこにつける？
A～Dからえらんでね。

A　胸(むね)
B　ウエスト
C　肩(かた)
D　すそ

第2章　友ともっと仲よくなれるおしゃれ ♥

診断結果(しんだんけっか)は次(つぎ)のページ！　49

あなたにピッタリの親友のつくり方

Test 10 診断

ちょっとしたコツで、あなたの良さが伝わるよ。
さあ、どんどん友だちを増やそう。

をえらんだ子は…
にているところを見つけて

まわりの空気を上手に読み、だれとでも気軽に話せるタイプね。共通の好きなものや、にているところを見つければ、あっというまに仲よくなれそう。自分の話ばかりしないように注意して。

B をえらんだ子は…
考えすぎない！

マジメで、なにごとにも注意深く行動するあなた。友だちをつくるには勢いも必要だよ。友だちになりたい子の得意なことや持ち物をほめるなど、あまり考えずに、勇気を出して声をかけてみてね。

をえらんだ子は…
さりげなくやさしさアピール

初めての人と話すのはニガテなタイプね。友だちになりたい子の係の仕事をさりげなく手伝ったり、調子が悪そうなときに気づかうと、あなたのやさしさが伝わって距離がぐーんとちぢまるよ。

D をえらんだ子は…
マイペースに話そう

近づきにくいムードを持っているあなたは、ムリにテンションをあげても空回りするだけ。あせらず、マイペースにまわりと話していれば、あなたのステキな個性をわかってくれる大親友があらわれるはず！

アドバイス 3
キモチ盛り上げプチデコ
文のあいだに入れると動きが出て、楽しく見えるよ。カラフルな色でね！

アドバイス 4
ミスもかわいくごまかしデコ
修正液がないときも"ぐるぐる"すればだいじょうぶ。

てんねんパーマ

えんとつのけむり

くろねこの後ろ姿

たこのすみ

鳥の巣

お花

かみなり

アドバイス 5
MY サインで最後もキメッ！
手紙の最後に自分のサインを書いてみよう。いろいろ研究してね。

かこむだけでもかわいい♥

ひと文字ずつわけても楽しいね

文字のはしにかざりをつけて

名前の一部を伸ばしてかざりをつける

文字をつなげて

イラストの中に入れて

アドバイス6
開けるのが楽しみ♥ デコ折り手紙
注目されることまちがいなし！キュートでかんたんな手紙やメモの折り方を覚えてね。

わんこ（小さなメモに）

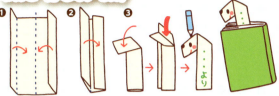

① 真ん中に向かって折る。
② さらに半分に折る。
③ 一度折り目をつけてから、中へ折りこみ、顔をかく。
本にはさむとラブリー♥

ことり（小さなメモに）

① 半分に折り、さらに半分に折る。
② 折り目をつける。
③ 上は中へ折りこみ、下は引っぱり上げるように折り上げる。

④ 目をかく。本にはさんでもいいし、立てておくこともできるよ。

にんぎょう（ノートや便せんで）

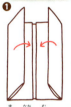   

① 真ん中に向かって折り、さらに真ん中に向かって折る。
② 下をうらへ折る。
③ うらにして、図のように上を段に折り、下のふくろになったところに差しこむ。
④ えりを折って、顔や服をかく。

ケーキ（ノートや便せんで）

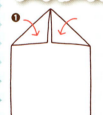 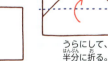

① かどを真ん中に向かって折る。
② 三角の山が少し出るように下を折る。
③ うらにして、半分に折る。
④ うらにして両はしを折り、はしどうしを差しこむ。
⑤ うらにして、三角の山を赤でぬり、クリームをかく。

アドバイス7
心をこめて、ていねいに書くこと！
きっとキモチが伝わるよ。

わあ♥ かわいい手紙、ありがとう！ねえ、このデコ、教えて♪

ときめき♡ギフトセレクション

友情が深まるかも！その2

プレゼントは相手への感謝や思いやりのキモチを伝えてくれるステキなもの。
上手におくって、もっともっと友情を深めちゃお♥

プレゼント1
タオルハンカチ

ハンカチは何枚あってもイイよね！　色や模様など、相手のイメージに合わせてえらんでみて★

プレゼント2
スイーツ

甘いスイーツを食べると、心も温かくなる効果が！友だちを元気づけたいときなど、さりげなくおくってみて。

プレゼント3
文房具

文房具はいくつあってもうれしいアイテム。友だちのスキなキャラクターのえんぴつやノートなどをえらんじゃお♪

プレゼント4
ポーチ

おしゃれはほとんどの女の子が大スキ！　そんなおしゃれアイテムをしまえるポーチは女の子のあこがれだよ♥

プレゼント5
シールやプロフ帳

友だちがスキなキャラクターのシールをあげれば「自分の好みをわかってくれてる！」とうれしいし、プロフ帳も思い出としてのこるものだからステキだよ。

プレゼント6
ヘアアクセ

シュシュやカチューシャは一気にはなやかになる魔法のアイテム。イメチェン用として、プレゼントすれば負担にならず、友だちも気楽なキモチで楽しんでくれるはずだよ！

プレゼントだけではなく、
キモチをこめたメッセージカードも
いっしょにそえると、
とっても喜ばれるよ！

♥ 友だちの好きなところ

♥ 友だちにしてもらって
　うれしかったコト

♥ 友だちのために力になりたいコト

など、スナオな思いを
カードに書いておくってね。

言葉もそえて
プレゼントをおくろう！

いつも 仲よく してくれて
ありがとう …♡

○○をつくったから
○○ちゃんにも
食べてもらいたくて

元気出して！

とか
相手へのキモチをぎゅっと♥
こめておくってね！

かわいいラッピングの仕方

セーラーボックス

❶

マチつきの紙ぶくろ
を用意する。

❷

口の少し下にリボンを当てて2
回折り曲げて、リボンを巻きこ
んだら絵の点線の位置で折る。

❸

マスキングテープでセーラー服
のように2本ラインを入れる。
両はしが真ん中に来るようにリ
ボン結びをする。

❹

ふくろの下のほうにお
花の形に切った折り紙
やシールなどを貼って、
できあがり！

55

楽しさUP↑の習いごと♥ファッション

みんなはどんな習いごとをしてる？　ここでは習いごと別に、とびきりおしゃれなファッションを紹介しちゃうよ。かわいくキメたら、やる気もUP↑↑しちゃうかも…!?

英会話
外国の人ともコミュニケーションをはかることができる英語。そんな英語のレッスンにはとにかく"元気"なスタイルがぴったり！

はっきりカラーのジャンパー
赤や黒などのパキッとした色合いのジャンパーで元気よく！

ミニ丈スカート
ミニ丈で元気ガールな印象に。

ライン入りニーハイ
ラインの入ったニーハイでスクガ風に♪勉強もはかどる！

水泳
健康的で美しくなれる水泳は脱ぎ着がしやすいアクティブスタイルがオススメだよ♥

モコモコパーカー
パーカーならすぐにはおれていいよね。水着の上にはおっても◎。

シンプルカットソー
上にモコモコのアウターをはおるなら、中はシンプルでボリュームのないものがいいよ。

ストライプのショーパン
アクティブなショーパンならストライプなどアクセントのあるものがステキだよ。

56

バレエ

優雅な動きと美しさが決めてのバレエには、やっぱり清潔感のあるプレッピースタイルコーデがオススメ♥

白シャツ
えりつきシャツできちんと感を！色は白だと、顔まわりもはなやかになって自然とスマイルに♥

ロゴトレーナー
色はネイビーをえらべば、白×紺でピシッとマジメモードに。背筋も伸びるはず！

チェックのフリルショーパン
トップスがシンプルなので、ここはチェックやハデ色のショーパンが◎。

ニーハイ
せっかくバレリーナのようなスラリ足をしているから、ダークカラーのニーハイでより引き立てちゃお♥

学習塾

学力UP↑↑を手助けする学習塾にはやっぱりかしこい印象のスクガスタイルがぴったり♥

ダッフルコート
ふつうのコートよりも学生のイメージが強いダッフルコート。明るめの色をえらんで、やる気もUPさせちゃお♪

カーデ
シャツにはカーデがてっぱん。柄ものなら、モノトーンがハデすぎずいいよ。

ハデ色スカート
赤などをポイントにえらべば、一気におしゃれ度がUP↑↑

Test 11

このテストでわかるのは

あなたの盛り上げ度は？

これから旅行に行く予定のあなた。どのバッグに荷物を入れる？
A〜Dからえらんでね。

第2章 友ともっと仲よくなれるおしゃれ ♥

A ショルダーバッグ

B リュック

C トランク

D

デカトート

診断結果は次のページ！

あなたの盛り上げ度

Test 11 診断

友だちといるとき、あなただけはりきりすぎたり、何もせずに存在感ゼロになっていたりしない？ キャッチボールと同じようにおしゃべりを楽しむようにすれば、友だちともっともっと仲よくなれるはずだよ！

A ショルダーバッグをえらんだ子は…
盛り上げ度 20％

気をつかって盛り上げるくらいなら、ひとりのほうが気楽でいいと思っているタイプ。たまには自分から話題をふって、友だちの輪に入ってみよう！

B リュックをえらんだ子は…
盛り上げ度 80％

まわりの変化によく気がついて、その場の空気をなごませることができるタイプ。友だちの話を聞くことと自分の話をすることのバランスがちょうどいいよ！

C トランクをえらんだ子は…
盛り上げ度 40％

気をつかいすぎて疲れてしまうタイプ。考えすぎて会話のテンポがずれちゃうことがあったりして。話すのがニガテなら、聞き役になってみて。

D デカトートをえらんだ子は…
盛り上げ度 60％

自分の話ばかりでまわりがどう思っているのかを感じ取るのがニガテなタイプ。会話と会話のあいだにワンクッション置くことを心がけると、友だちのおもしろい話を聞き出せるかも!?

Test 12

このテストでわかるのは

友だちのヒミツを守れる？

風がひんやり冷たい日にあなたが着たいアウターはどれ？
A〜Dからえらんでね。

第2章 友ともっと仲よくなれるおしゃれ♥

A スタジャン

B 中綿ベスト

C ポンチョ

D カーディガン

診断結果は次のページ！ 61

診断 Test 12 友だちのヒミツを守る信頼度

いろいろなヒミツを分け合うとキズナが深まったりするよね。だけど、ヒミツが守れなくて友情がこわれちゃうこともあるから注意して！

A スタジャンをえらんだ子は…
信頼度 80％

どんな小さなヒミツでもゼッタイにバラさない優等生タイプ。少しおカタイ感じに思われているかも!?　自分のヒミツをこっそり教えると友情がもっと深まるよ。

B 中綿ベストをえらんだ子は…
信頼度 65％

基本的にヒミツはバラさないタイプ。でも親友にはちょっとだけ教えちゃうことも。話す相手はえらぼうね。

C ポンチョをえらんだ子は…
信頼度 30％

ヒミツの話を聞いたら、だれかにしゃべりたいと思うタイプ。「この話はあの子にナイショ」なんて友だちに言われないように、大切なヒミツは守らなきゃ！

D カーディガンをえらんだ子は…
信頼度 45％

その場のノリでうっかりと話してしまうタイプ。話す相手をまちがえたら、あなたの信用はガタ落ち！　おたがいにヒミツが守れそうか、たしかめてから話したほうがいいかも。

友情が深まるかも！ その3 友だちから相談を受けたときの 聞き上手テク！

なやみごとを打ち明けられるのは、あなたがたよりにされている証拠！聞き上手になって、友情をぐっと深めちゃおう！

◎ 話を聞いてあげる

口をはさまず、じっくり聞いてあげよう！

できれば横にすわろう。ムリにはげましたりしなくてOK！

聞いてあげるだけでも、友だちはキモチが整理できることも！

◎ 聞き上手なあいづち

話の内容に合わせて、相手のキモチによりそうあいづちを打とう！

- うんうん。
- 大変だったね。
- そうだったの…。
- つらかったよね。
- がんばっているよね。

まず、「あなたのキモチ、わかるよ」って、伝えるのが大切だよ！

✗ お説教をする

だからダメなんだよ！

落ちこんでいるときに、友だちからおこられたらガッカリだよね。アドバイスは、友だちにお願いされたときだけ、してみよう。

✗ ふざける

やあだ、考えすぎ！

元気になってもらおうと思って、友だちのなやみごとを「たいしたことないよ！」って笑ったり、茶化したりするのはぜ～ッタイNG！

◎ そばによりそってあげるだけでも！

なにも言わず、そばにいてあげるだけでも、友だちは温かいキモチに♥

お出かけ前にチェック★
今日のハッピー友コーデ 2co1

着ていく服になやんだらレッツ・コーデ診断！ 気分がアガるペアコーデとアレンジテクがわかるよ。STARTからいまの気分に当てはまるほうの矢印を進んでね。66〜73ページで診断結果発表！ 友だちといっしょにえらんでも楽しいね♥

START!

にぎやかに遊ぶより、まったり遊ぶほうがいい。
→ YES
→ NO

友だちとおそろいのものがふたつ以上ある。

1か月以内にファッション雑誌を読んだ。

最近、友だちとケンカした…。

彼ウケより、友ウケのほうが気になる。

シルバーよりゴールドのアクセが気になる。

同じ服を2日続けて着たことはない。

香水をつけるならフルーティよりフローラル系が気分♥

いま、いやされたい気分のあなたは…
66ページへ

髪を切る予定が近々ある。

いま、前向きモードのあなたは…
68ページへ

友だちに話したいことがふたつ以上ある。

パステルカラーよりダークな色の気分♥

いま、直感がサエてる気分のあなたは…
70ページへ

新しいコーデをためして冒険したい気分♥

いま、個性をアピールしたいあなたは…
72ページへ

(65)

あなたにピッタリのペアコーデは
さわやかガーリー

今日は、はりきらないで心をゆっくり休める日。
やさしいキモチになれるパステルカラーのコーデで、
女子力もアップさせちゃお♥
お部屋やカフェは
友情が深まる
ラッキーエリア。

おそろポイント 1

リボン
カチューム

リボンはつけるだけで
姫っぽく、かんたんに
ペア感を出せるスグレ
もの。クールなアイス
ブルーが新鮮♪

おそろポイント 2

ホワイト
フレアスカート

動作が女らしく見えるフレアス
カートは、白をえらべば上品さ
もプラスできちゃう。トップス
はピタめがグッドバランス。

おそろポイント 3

ウエスト
シャツ巻き

ウエストマークは、
甘いコーデをスッキ
リ&スタイル良く見
せるテクニック。リ
ボンと色のトーンを
そろえるとバランス
が◎。

66

もっとおしゃれにレベルアップするなら…
上級ペアテク4

リボンやフリルでごっちゃりしがちなガーリーは、デザインがシンプルなものを心がけるのがコツ。小物もパステルカラーでそろえるとカンペキ！

トップスを
フリルカットソーに

あえて色ちがいのアイテムを合わせてオソロコーデするのは、おしゃれ感たっぷりな上級テク！ ひかえめな柄やフリルが、甘すぎなくて◎。

リボンカチュームを
シュシュに

お花がさいたみたいなフワフワのシュシュでアップスタイルにしてみても◎。色はパステルカラーをえらんで♥

バッグを
色ちがい
ポシェットに

赤はガーリーをレディに進化させる魔法のスパイスカラー。ポイントとして使うと効果的よ。

シューズを
プラットフォーム
パンプスに

厚底ソールのプラットフォームパンプスで、かわいいも美脚もイタダキ♥ 色ちがいで個性を出して。

67

スポーティカジュアル

あなたにピッタリのペアコーデは

今日は体を動かしたり、公園で遊ぶと、楽しいハプニングが起こって友情が盛り上がりそう！　やんちゃと甘いアイテムをほど良くミックスしたスポ風コーデでキモチが明るくなるよ。

おそろポイント 1
ロゴトレーナー＋ショーパン
インパクト大のロゴづかいアイテムと、やさしい色のボトムスで、女子力も元気もアピール！　ロゴは目線を上げて足長効果も期待。

おそろポイント 2
モチーフつき帽子
形がちがってもモチーフつきで友情アピール★　帽子は小顔に見せてくれるから一石二鳥！

おそろポイント 3
ハイカットスニーカー＋ラインソックス
全体が甘すぎないように、ネイビーやビビッドカラーを足すと◎。

もっとおしゃれにレベルアップするなら…
上級ペアテク4

小物や色づかいで甘さを調節しながら、おしゃれを楽しんで！
パキッとした色はシンプルに着こなすのがコツ。

帽子を
同じデザインに

ポンポンつきデザインは同じだけど、模様がちがうなど、少しハズしたおそろい感がおしゃれ。

小物を
プラスするなら
ロゴリュックを

キレイめの色のロゴリュックを加えるとハッピーにイメージチェンジ。相手のリュックの色と自分の小物の色を合わせてみて。

ロゴトレーナーを
パーカーに

トップスをボーイッシュなパーカーに変えて、パンチを効かせて！クールなカラーをえらべばガーリーボトムスとバランス良くまとまるはずだよ。

ハイカット
スニーカーを
白とのコンビ色に

白とパステルカラーの2色づかいは、ポップでおしゃれなのに、不思議とスッキリまとまるスグレワザ。ソックスはパキッとカラーで引きしめて。

あなたにピッタリのペアコーデは
トラッドスクール

アイデアが次々と浮かんで行動的になる日。
新しい仲間ができたり、
思いがけない人と仲よくなる予感大だよ。
だれからも好感を持たれるグッドガールコーデで
友情の輪を広げてね！

おそろポイント 1
チェックの ミニスカ

トラッドの主役"タータンチェック"のスカートは、制服風で地味になりがちだから明るい色をセレクトしてね。

おそろポイント 2
ライン入り ソックス

優等生っぽいコーデは、足元もさわやかに。軽やかなスニーカーとライン入りソックスがオススメだよ。

おそろポイント 3
シャツに ロゴカーデを ON

シャツとカーディガンの重ね着は、ベーシックなだけにセンスの見せどころ。目を引くストライプ柄やパキッとした赤などのお目立ちカラーで個性をアピールしてね。

もっとおしゃれにレベルアップするなら…
上級ペアテク4

"女らしさ"と"清楚"をキープしつつ、ちょっぴり冒険を楽しむのが上級トラッドのルール。どこか1か所に流行や遊びをちょい足しするくらいがちょうどいいよ。

小物は
おそろめがねをON

だてめがねをかければ、ちょこっとクラシックなムードに。かしこく見えるし、小顔効果もあってWのうれしさ！

ロゴカーデを
スタジャン＋ロゴトレーナーに

ボーイズなアイテムをMIXすれば、親しみやすいやんちゃプレッピーが完成。キャスケットをかぶって、もっとおしゃれ度をUPして！

ライン入りソックスを
アーガイル
ソックスに

秋冬に取り入れたい英国伝統の模様"アーガイル"。クラシカルな雰囲気がお嬢さま度を格上げしてくれるよ。

アクセがわりに
チェックマフラーを

顔まわりをはなやかにするし、アクセントにもなるチェックマフラーは、ひとつは持っておきたい！おそろの巻き方で仲よしアピールも。

あなたにピッタリのペアコーデは
クールロック

自分が変わるキッカケに出会えたり、友だちの意外な素顔を
知ったり、わすれられない一日になるかも。
カッコかわいいコーデで気分をホットに盛り上げて、
さあ、自分を信じて大胆に行こ〜〜〜！

おそろポイント 1
レッドデカリボン
ブラックをベースに、ビビッドな
色をアクセントとしてきかせるの
がクールロックのお約束。

おそろポイント 2
ゴツめブーツ
ピリ辛ロックスタイルの仕
上げは、キリッとした印象
で全体を引きしめるボーイ
ズライクなブーツ。適度な
ゆとりで足を細く見せるう
れしいオマケつき！

おそろポイント 3
千鳥格子
インパクトが強いのに、クラ
シカルな雰囲気もある千鳥格
子は、クールロックを上品に
見せるスグレもの。チラリと
見せるくらいがクドすぎずお
しゃれ。

もっとおしゃれにレベルアップするなら…
上級ペアテク4

ブラックコーデはカッコいいけど地味になりがち。どこかにキュートなハデ色と女の子らしい甘さをわすれずに取り入れてね。

アウターに黒のライダースを
カッコいい黒のライダースをプラスすればさらにクールになるよ！

リボンをはなやかハットに
ハットは、かぶれば一気にこなれた上級おしゃれさんに見えて、小顔効果も期待できるうれしいアイテム。ビビッドな楽しい色をえらんで！

ハードブーツをキュートカラーに
足元に甘さを盛るなら、キレイ色のレースアップブーツが◎。ピンク色やハートのモチーフがついていると、ガーリーやカジュアルスタイルとの相性もいいよ。

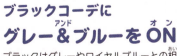

ブラックコーデにグレー&ブルーをON
ブラックはグレーやロイヤルブルーとの相性もバツグンで、メタリックで新鮮な配色。おしゃれでかわいい星柄も、着るだけでワクワクしそう♪

73

あなたがデザイナー
ファッションおしゃれテク

デザイナーになって、女の子たちをおしゃれに変身させちゃお！
ヘアスタイルや洋服のデザインを考えたら、サンプルのように服の形をかいたり、
色をぬったりして、ポイントとなる部分をかきこんでみよう。
友だちにかいてもらっても楽しいかもしれないよ。

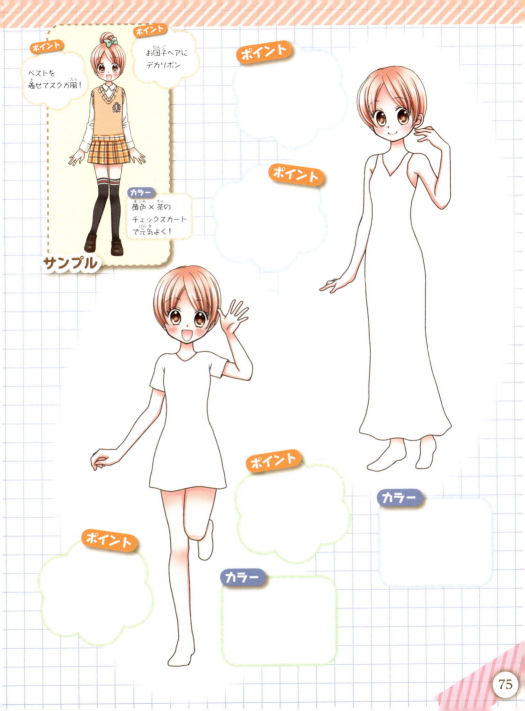

Test 13

このテストでわかるのは
困っている友だちを見つけたら？

寒い国にひっこす友だちにプレゼントをあげたよ。箱の中身は何かな？ A～Dからえらんでね。

第2章 友ともっと仲よくなれるおしゃれ ♥

A 帽子
B 手ぶくろ
C マフラー
D イヤーマフラー

元気でね！
ありがとう！
お別れ会

診断結果は次のページ！

困っている友だちをささえる方法

Test 13 診断

友だちが困っていたら何か力になりたいよね。あなたの思いやりとやさしさが伝われば、友だちはもっとうれしいはず！ あなたにオススメの方法を教えるよ。

A 帽子をえらんだ子は…
冷静に物事を考える

態度はクールだけれど、トラブルの状況をよく見て判断することができるよ。友だちからアドバイスを求められたら、公平な立場で考えを言ってみて。

B 手ぶくろをえらんだ子は…
自分にできることをする

人にたのまれると、ことわれないお人よし。ついムリをしすぎて自分がトラブルに巻きこまれてしまうことも。できないことは勇気を出してことわろう。

C マフラーをえらんだ子は…
温かく包みこむ

そばにいるだけで安心できる、やさしいオーラの持ち主。何も言わずに話を聞くだけでも、友だちの心はラクになるよ。

D イヤーマフラーをえらんだ子は…
かげながらおうえんする

おおげさになぐさめたり、はげましたりするのがちょっとニガテ。手紙やメールなら、さりげなく友だちを元気づけることができるよ。

Test 14

このテストでわかるのは

あなたにピッタリな仲直り方法は？

仲直りするためにおしゃれアイテムを買いにお店に来たあなた。どのアイテムを買いたい？ A〜Dからえらんでね。

第2章 友ともっと仲よくなれるおしゃれ♥

A だてめがね
B ヘアアクセ
C ネックレス
D イヤリング

診断結果は次のページ！

あなたにピッタリな仲直り方法

Test 14 診断

友だちとケンカしちゃうときってあるよね。そんなときこそ、もっとおたがいにわかり合うチャンスだと思って！ 自分のキモチを上手に伝えてあやまったら友だちもきっとゆるしてくれるよ。

A だてめがねをえらんだ子は…
目の前であやまろう

あなたの思いを直接伝えたほうが、友だちに理解してもらえるよ。感情的にならないように気をつけて！

B ヘアアクセをえらんだ子は…
ほかの友だちにあいだに入ってもらおう

ほかの友だちが入ることで、あなたも友だちも冷静に話ができるよ。仲直りできたら、あいだに入ってもらった子にお礼を言うのをわすれずに。

C ネックレスをえらんだ子は…
手紙を書こう

言葉をじっくりと考えてえらべるから、思いをこめやすいよ。字はていねいに書こうね。

D イヤリングをえらんだ子は…
電話をかけよう

声の感じと話し方でキモチが伝わるよ。聞き取りやすいようにはっきりと話そうね！

ポーズはVサインだけじゃない！
写真うつり向上テク！

ちょっとした工夫で、もっとかわいく撮れるようになるよ！
かんたんなコツばかりだから、やってみて！

息を大きく吸うと、目を自然にぱっちり開くことができるよ！

顔に手を置くと小顔効果アリ！

口のはしをキュッと上げよう！

ぽっちゃりさんの場合はデコルテ（首〜胸元）が見える服だとすっきりスリムな印象に！

どの角度が魅力的かな〜！

かわいくうつる角度を鏡で研究して！

カメラに対して、少し顔を横に向けて、目はカメラのほうを向く。このとき、「かわいく見える」ほうを前にするのがコツ！　鏡で角度をたしかめておこう。

自撮りはナナメ上から！

カメラは目線か、目線の上から撮るのがキホン！　上目使いのかわいい表情が撮れるよ。あごは引いたまま、目だけレンズを見よう！

みんなと撮るときは、真ん中がオススメ！
特に集合写真の両はしは、ゆがみが出て、太って見えがち！真ん中に入ると、スリムに見えるよ。

オススメ位置！

レンズの向こうに好きなものがあると思うと、自然な笑顔ができるかも。

肩を下げて、背筋をぴんと伸ばそう。

ぴん！！

友だちとならんで撮るときは、半歩後ろに下がると、小顔にうつるよ！

友だちとやってみて！　大の仲よし♡ポーズ！

ギュッとハグ
むぎゅううう！

ハートをつくる
らぶー！

ジャンプ！

ヘン顔になっても気にしなーい！

85

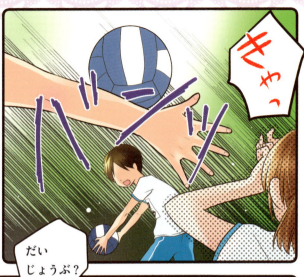

Test 15 診断
異性からどう見られているか！

男の子は、女の子以上に見た目を判断材料にしているみたい。
おしゃれを味方に、恋を引きよせて！

A をえらんだ子は…
元気でおしゃれ！

キュートなガーリーコーデは、女の子らしさとはつらつとした印象をあたえることができるよ。いつもにこにこ笑顔でいれば、男の子も話しかけたい、と思うはず！

B をえらんだ子は…
同性の友だちみたい！

男の子がもっとも気軽に話しやすいのは、このタイプ！　何気ない会話から、仲よくなれることまちがいなし！　ただし、言葉づかいやしぐさが、つい乱暴にならないように注意して！

C をえらんだ子は…
ズバリ、お嬢さま！

お嬢さまコーデは、女の子らしさ全開！　あこがれる男の子がいる一方、話しかけづらいと思われることも。自分から話しかけたり、おしゃべりが得意でない場合は、やさしい雰囲気を心がけて。

D をえらんだ子は…
親しみやすくてキュート！

元気カジュアルコーデは、ナチュラルなかわいさをアピールすることができるよ。甘すぎないので、男の子も気おくれせずに話しかけることができるね。小物や色づかいで女の子らしさをプラスしよう！

Test 16 — このテストでわかるのは あなたのモテ期は…？

次のうち、あなたに当てはまるものを全てえらんで、数を数えてね。

第3章 恋が芽生えるファッションテク

毎日、コーディネートには気合を入れている。

友だちに、よく服をほめられる。

いい香りのシャンプーを使っている。

キレイなハンカチを持ち歩いている。

笑顔には自信がある。

クラスの男の子ともよくしゃべる。

診断結果は次のページ！

91

Test 16 診断
あなたのモテ期！

いま、モテ期でなくても、必ずめぐってくるよ！
そのときのためにも、自分みがきをしておこう！

5〜6この子は… いま、モテモテ！

おしゃれで明るく、笑顔がステキなあなたは、女の子だけでなく、男の子にも人気！ うっかり自信満々にならないよう要注意！ 外見も内面もみがいて、モテモテをキープしてね！

3〜4この子は… いま、小モテ！

身近な男の子が、明るくスナオなあなたのことを、気にしているよ。話しやすい雰囲気を心がけたり、自分から積極的に話しかけたりしてみよう！ 意外に両想いのこともあるかも!?

1〜2この子は… モテ準備期！

みんなにモテるのではなく、ある特定のだれかにモテることを考えてみよう！ 身だしなみや、行動を意識するようになるだけで、いま以上にモテ度が上がること、まちがいなし！

0この子は… モテ期は少し先かも？

いまはまだ自分でも、「モテたい」とは思っていないんじゃないかな。まずは笑顔から始めてみよう！ 笑顔がステキでやさしい女の子は、男の子にモテるだけでなく、同性の友だちにも好かれるよ。

Test 17 診断 あなたにピッタリのアピール法！

アピールしなければ、恋も始まらない!?
ピッタリのアピール方法で、カレに接近しちゃおう！

A をえらんだ子は…
グループ作戦で！

あなたの友だちと、カレの友だち、みんないっしょに、グループで遊ぼう！　自然な形で、カレに自分の良いところをアピールできるよ！　ただし、男の子の前と、女の子の前とで態度が変わるのは大NG！

B をえらんだ子は…
リサーチ（研究）作戦！

気になるカレの好きなスポーツやアイドルについてリサーチしておこう。共通の話題があれば、話がしやすくなるね！「○○について教えて！」って聞くのもgood！　男の子は教えたがり屋の子が多いよ！

C をえらんだ子は…
学校行事をきっかけに！

運動会や遠足などの行事のときには、いつもとはちがった自分を見てもらえるチャンス！がんばっている姿や、やさしい気づかいなど、カレもしっかり見ているよ！

D をえらんだ子は…
見つめるところから！

キモチを伝えるために、ときどきカレに視線を送ってみよう！よく視線が合うようになると、カレも「あれっ…?」って、あなたのことを気にするようになるかも。いつも笑顔はわすれずにね！

このテストでわかるのは

Test 18 あなたにピッタリのアタック法は？

デートのとき、ふたりでコーディネートするとしたら？
A～Dからえらんでね。

A ペアルック

B テーマがおそろい
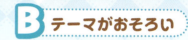

C 1か所だけおそろい

D バラバラでいい

第3章 恋が芽生えるファッションテク

診断結果は次のページ！

あなたにピッタリのアタック法！

自分に合ったアタック方法でキモチを上手に伝えよう！
かざらずスナオな告白ができるといいね！

A をえらんだ子は…
直接アタック！

勇気を出して、スナオなキモチを、直接、伝えてみよう。ただし、男の子はテレ屋さんが多いから、みんなの前でアタックするのはやめたほうがいいかも。メールでもいいね！

B をえらんだ子は…
イベントを利用して

バレンタインや、誕生日などのイベントを利用して、気軽なプレゼントをしてみよう！　イベントだから、自然な形でプレゼントができるし、カレも受け取りやすいね！

C をえらんだ子は…
友だちにキューピットになってもらおう！

信らいのできる友だち（女の子でも男の子でもいいよ）にたのんでキモチを伝えてもらおう！　直接ではないのでドキドキしなくてすむし、カレも正直なキモチを話しやすいかも！

D をえらんだ子は…
アタックを待とう！

もし、「カレも自分のこと好きなんじゃない？」と感じることがあったら、自分からではなく相手からアタックされるのを待とう！　ただし、ふだんから自分のキモチが相手に伝わるように努力してね！

Test 19

このテストでわかるのは
あたなの恋の なやみ解決法は？

これからお出かけなのに、1か所、コーディネートが決まらないところがあるよ。A～Dからえらんでね。

A ヘアスタイル

B バッグ

C アクセサリー

D 靴

第3章 恋が芽生えるファッションテク

診断結果は次のページ！

Test 19 診断
あなたの恋のなやみ解決法！

恋に行きづまったときは、自分自身を見つめ直すチャンス！
なやみを解決して前向きに進もう！

A をえらんだ子は…
人に相談して！

なやみごとをひとり考えていると、悪いことばかり考えて、暗いループにはまってしまうことがあるよ。友だちに相談して意見を聞いてみよう！自分では思いつかない、解決方法を考えてくれるかも。

B をえらんだ子は…
なやみを整理しよう！

一度、心を落ちつけて、いまのなやみを整理してみよう。ノートに自分のキモチを書くのもオススメ！そうすることで、グチャグチャした頭の中が整理されて、前向きに問題を解決する糸口になるよ！

C をえらんだ子は…
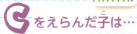
人の相談事にのってみて！

積極的に友だちの恋愛相談にのってみよう！友だちの話を聞くことで、自分自身の問題を見つめ直すことができるよ。友だちにしてあげるアドバイスが、そのまま、自分の問題の答えになることも！

D をえらんだ子は…
時間をおいて！

なやみごとから、ひとまずはなれてみよう！友だちと思いっきり遊んだり、好きなことに打ちこんだり！なやみの中にはまりこんでいるときにはわからなかった、解決のヒントが見つかるよ。

恋も引きよせる!? その① キラキラ フェイスケア

顔の好みはいろいろだけど、肌がキレイな女の子をキライな男の子はいないよ！ 洗顔→化粧水→乳液の3つのステップをしっかり行って、キラキラガールになっちゃお♥

キレイなお肌が自信の一歩…♥

洗顔の仕方

洗顔前に必ず手を洗おう。ばい菌がお肌につかないようにあらかじめ洗っておくことはとっても大事だよ。

1 ふわふわの泡をつくる

洗顔用ネットに洗顔料をつけ、水を少しずつくわえながら、両手でモミモミ泡立てよう。上の図くらいの泡の大きさを目指して。

2 Tゾーンに泡をのせる

皮脂の多いTゾーンに泡をのせたら力を入れずに指のはらでクルクルさせよう。

3 顔全体に泡をのせる

顔全体に泡をのせ、2と同じようにクルクルさせて。鼻の下やあご下などもわすれずに洗おう。

4 ぬるま湯ですすぐ

泡が完全になくなるまで洗い流してね（約20回）。その後、清潔なタオルをやさしく押し当てて水分をふきとろう。

化粧水のつけ方

化粧水はかわいたお肌に水分をあたえてくれるものだよ。

1 化粧水を押しこむ

手のひらに化粧水をとったら、お肌に押しこむようにピタッとつけて。
※化粧水はメーカーによって1回に使う量がちがうから、必ず説明書を読んで分量通りに使ってね。

2 顔全体をつつみこもう

目元、額、くちまわり、あごやあご下なども、それぞれ10秒くらい手のひらを押し当てて。顔全体にしっかり化粧水を入れこむように意識してね。

乳液のつけ方

乳液は化粧水の水分をお肌にとじこめてくれるよ。

乳液は100円玉くらいの量を、手のひらにとってぬってね。かわきやすい目元やくちまわりは重ねぬりしよう。
※乳液の分量は平均目安です。

※洗顔の仕方や化粧水、乳液のつけ方は人の肌によって異なるので、気をつけながらためしてみてね。吹き出物などができたら、ここで紹介したやり方をやめて、おうちの人にお話ししてみよう。

恋も引きよせる!? その❷
好印象の美しぐさ

しぐさやものを扱う姿が美しいと、それだけでステキな人に見えるし、まわりの人にもとっても好印象だよ。美しぐさのキホンは「人、ものを大切に扱うキモチ」。まずは意識してここで紹介しているしぐさを心がけてみよう!

たとえば…
ものを拾うとき

 OK♡

ものを拾うときは、両足をそろえて腰からしゃがもう。拾うものにできるだけ近づいてゆっくりと拾えば、エレガントな印象に★

 NG×

腰を曲げないで、手だけ伸ばして拾おうとするのはNG。足も広がって見た目も美しくないよ。

たとえば…
よびとめられたとき

NG×

首だけでふり返るのは、あまり好ましくないよ。

たとえば…
相手が話をしているとき

きちんと相手の目を見て話を聞こう。相手に自分が話しているときも相手の目を見て話すといいよ。

 OK♡

上半身ごと相手のほうに体を向けてふり返ろう。相手に心を開いている感じをあたえてくれるよ。

このテストでわかるのは

Test 20 あなたのイメチェン願望度は？

文化祭でコスプレをすることになったよ。あなたは何になる？
A～Dからえらんでね。

第3章 恋が芽生えるファッションテク

 お姫さま　 魔女　 海賊　 妖精

診断結果は次のページ！ 101

Test 20 診断 あなたの イメチェン願望度!

ファッションが変わると、印象が変わるだけでなく、明るくなれたり、強くなれたりすることもあるよ!

A をえらんだ子は…
イメチェン願望度 80%

「いまとはちがう自分になってみたい!」というキモチがとても強いみたい。思い切って服やヘアスタイルを変えると、まわりの人が自分に持つ印象だけでなく、きっと、自分自身のキモチも変わるよ!

B をえらんだ子は…
イメチェン願望度 60%

身近におしゃれな友だちがいて、自分も見習いたいと思っているのかも。休日のファッションを変えるところから始めてみて。正しい姿勢を心がけるだけでも明るくはつらつとして見えるはずだよ。

C をえらんだ子は…
イメチェン願望度 40%

イメチェン願望はあるものの、上手にイメチェンできるか不安なところがあるみたい。まずは、おしゃれな友だちや、あこがれのアイドルを参考に、自分の理想のイメージを持つところから始めよう。

D をえらんだ子は…
イメチェン願望度 20%

あまり変化を求めず、「いまのままがいい」と思っているところがあるみたい。ヘアアレンジなど、できるところでイメチェンしてみると、気分が変わって、リフレッシュできるよ!

Test 21 このテストでわかるのは
あなたの失恋立ち直り度は？

自分の部屋ですごす休日。さて、あなたはどんな格好をする？
A～Dからえらんでね。

A いつもと同じ

B ホームウェア

C パジャマ

D おしゃれ着

第3章 恋が芽生えるファッションテク

診断結果は次のページ！ 103

あなたの失恋立ち直り度！

恋に失恋はつきもの。恋がやぶれたときには、ゆっくり立ち直って、新しい一歩をふみだそう！

A をえらんだ子は…
失恋立ち直り度 80％

冷静なあなたは、どうして恋がうまくいかなかったのか、しっかり理由を見つめられそう。もし、自分に反省すべき点があれば心にとめて、新しい恋に生かせば、次はうまくいくよ。

B をえらんだ子は…
失恋立ち直り度 60％

しばらくは落ちこんでしまうけれど、自分の力で立ち直れそう。スポーツで汗を流すと、いい気分転換に！ウィンドウショッピングをして、キレイな服や、かわいい小物を見るのもいいね。

C をえらんだ子は…
失恋立ち直り度 40％

失恋をみとめたくなくて、しばらく引きずってしまいそう。気がすむまでワーワー泣いて、友だちにグチを聞いてもらおう。人に話を聞いてもらうと、気分がラクになるよ。思いっきり遊ぶのも◎！

D をえらんだ子は…
失恋立ち直り度 20％

失恋が苦しすぎて、なかなか立ち直れないかも。そんなときは、ムリに立ち直ろうとせずに、趣味や好きなことに打ちこんでみよう。いつの間にか、終わった恋以外のことを考えている自分がいるよ。

Test 22 診断 あなたの夢見る夢子さん度！

現実の男の子は、カッコ悪いところも弱いところもあるもの。
いっしょに成長していけたらいいよね。

A をえらんだ子は…
夢子さん度 80%

ガラスのくつは、美しいけれど、こわれやすくて、歩くのには向いてないよね。えらんだあなたは、あなたをお姫さまあつかいしてくれる理想の王子さまがあらわれるのを夢見ているのかも。

B をえらんだ子は…
夢子さん度 60%

ゆびわは豊かさや愛の約束を意味するもの。えらんだあなたは、はなやかで、おとなっぽい恋愛を夢見ているのかも。見た目で恋に落ちることもありそう。

C をえらんだ子は…
夢子さん度 40%

おそろいのブーツをえらんだあなたは、お姫さまあつかいでちやほやしてもらうのではなく、カレと対等に、いつでもいっしょに行動したいと思っているのかも。仲のいい友だちのような恋愛をしそうだよ。

D をえらんだ子は…
夢子さん度 20%

帽子は独立心のあらわれ。えらんだあなたは、恋愛に、あまりロマンティックな幻想を持っていないのかも。恋愛だけでなく、友情や、自分の時間も大切にするタイプ。

男子ウケ × うっかり♪ ファッション

おしゃれのつもりが意外にも男子ウケはなしなことも…そんなファッションをちょっぴり紹介しちゃうね。

ラクなのはわかるけど男の子みたい…
ボーイッシュスタイル

女の子感・かわいらしさゼロ…。後ろから見たら男子かと思われるファッションは×　特にショートヘアの女子は気をつけて！

- ジャージ（or パーカー）
- デニム（or 地味色パンツ）
- スニーカー

TOO マッチすぎる…
ロリータぶりぶりファッション

アイドルアイドルしすぎてて別の惑星からやってきた人に思えてしまう…。いくらカワイイものがスキでもやりすぎると人間ばなれしちゃうよ。

- 全身ピンク
- フリフリレースがもりだくさん
- リボンのつけすぎ

ハデすぎ
ロックファッション

カッコよくキメたつもりでもアニマル柄やあみタイツなどそろってくるとなんだかこわい…。

- アニマル柄
- あみタイツやハデな柄のニーハイ

決して悪くないけれど、男子ウケは×ということだからね！

おしゃれで恋をキャッチ！
ハッピーイメージチェンジ

だれかをスキになったら待ってるだけじゃもったいない！恋に効くファッション風水で、男の子のハートもゲットしちゃお♥

POINT 1
リボンつき・ピンク

リボンを結ぶ…というように、リボンはスキなカレとの縁を結んでくれるモチーフといわれているの。リボンがついている服でもいいし、ヘアアクセにリボンのついたものをえらんでもいいよ。恋愛てっぱんカラーはやっぱりピンク！ 新しい出会いを求めているときはオレンジ、告白する勝負の日は赤など、カラーもいろいろ楽しんで。

リボンのヘアアクセも◎。

オレンジは出会いの色。

POINT 2
揺れるものを身につける

ふんわりしたフレアスカートは女の子らしさをUPしてくれ、恋愛運を高めるのに◎。花柄模様もオススメだよ♥ ほかにも動く度に揺れるイヤリングも good！

パンツ派ならレイヤードトップスで！

デートに出かけるなら揺れるイヤリングがオススメ♥

POINT 3
耳、おでこを出すヘアアレンジ

耳やおでこを出すと、いい出会いを引きよせてくれるといわれているよ。すっきりアップスタイルでリボンのヘアアクセをかざればカンペキだね！

ツインで耳見せ！

カチュームでおでこ出し！

POINT 4
長いもの、丸いものを身につける

長いものや丸いものは縁をたぐり寄せてくれるといわれているよ。ロングマフラーやスカーフ、丸いリングなどもオススメ♪

あったかロングマフで小顔効果もねらって♥

丸いリングもキュート♥

109

合計0の人 モテ度0%

男の子より女の子にモテちゃう日。でも、友だちがキッカケで、あなたに恋する男の子が現れるかも！

今日のラブおまじない
ペンケースにピンク色のペンを入れておくと、モテハプニングが起こるよ。

合計10以上の人 モテ度20%

男子に好かれるものの、女子として意識されない日。甘えてみたり、女らしいところを見せるとモテ運上昇よ！

今日のラブおまじない
いつも使っている鏡に指で星をかくと、男の子があなたを意識するようになるよ。

診断

合計20以上の人 モテ度40%

あなたの良さが男の子に伝わりにくい日。積極的に話しかけたり、グループ行動に参加して自分アピールを。

今日のラブおまじない
くつをげたばこにしまうとき、左右を逆にすると、恋のチャンスが訪れやすくなるよ。

合計40以上の人 モテ度60%

モテ期に突入かも！あなたに興味を持つ男の子が現れる日。自信を持って男の子と話すと◎。

今日のラブおまじない
朝、教室に入ったら左の人差し指をくちびるにチョン。モテ♥オーラUPで第一印象が良くなるよ。

合計60以上の人 モテ度80%

モテ♥オーラが止まらない日。かざらずに、笑顔をわすれなければ、男の子から近寄ってくるよ。

今日のラブおまじない
いつも使うノートの左はしに赤いリボンをかいておくと、ドラマみたいな恋が始まるかも！

合計80以上の人 モテ度99%

おおー！男子からバリモテのハッピーデイ。でも、女の子にシットされてイジワルされる危険があるよ。

今日のラブおまじない
カバンの中に鈴など音の出るものを入れておいて。モテ運がにげないし、悪運をハネ返すよ。

もしやあなたも…？ 自分の行動、要注意！
男子が思わず引いちゃう女子

あてはまるところがあったら、気をつけて！
男子にモテようとして、失敗していることもあるよ～！

教室で大声で話す

それでねぇ…
ギャハハハ

注目を浴びたいのが見え見え。「明るい」のと、「うるさい」のとはちがうよ！

男子全体を悪く言う

男子ってさー

そうじサボるし、

いいかげんだし…

男子にもいろいろいるのに！まとめて否定されちゃうと、アタマにくるよ！

ムスッとしている

ムスー

そばでフキゲンそうな顔をしていると、オレのことキライなのかなと思うし、話しかける気にもならないね。

天然キャラを演じる

ぽやーーん

ぶりっこもそうだけど、明らかに演技しているのがわかると、引いちゃうよね…。

ふざけてバンバンたたく

ヤダーもー

バンバン

親しみをこめているつもりなのかもしれないけど、いたいのはカンベン！たたくなら、軽くたたいて。

112

女子の敵は女子？
あなたの恋をじゃまする女友だち！

なんでも相談できる友だちは、心強い味方！
でも、たま～に恋をじゃまする女友だちが…！　こんな子がいたら気をつけて。

しっと深い子

しっと深い子は、ほかの子が幸せな状態にガマンができないタイプ。表面ではいい顔をしていても、内心では、あなたの恋がうまくいかないように願っていることもあるよ。あなたが恋の相談をしても、わざと、マイナスなアドバイスをくれることが…。マイナスなことばかり言う子には注意しよう！

口が軽い子

情報ツウで、あなたにいろいろな内緒話を教えてくれる子は、あなたのヒミツの話も、ほかの人にもらしてしまっている可能性、大！　こういう子の、「あたしは口がかたいからだいじょうぶ！」は、あまりアテにならないよ。どこまで話していいか、ちゃんと考えてから話をしよう。

あなたが好きな男子の悪口を言う子

あなたが好きだと知っていて、しつこく、その男子の悪口を言う友だちがいたら、その子は、内心あなたの恋がうまくいってほしくないと思っているかも。悪口をくり返されていたら、あなたの「スキ」ってキモチがだんだん盛り下がってきてしまうよね。その子のねらいはソコ！
　あなたの恋がうまくいって、あなたのキモチが友だちからはなれてしまうのがイヤなのかも。

あなたにピッタリのカレシは？？

あなたにピッタリのカレシはどんなタイプ？
質問を読んで、自分に当てはまる矢印のほうに進んでね！

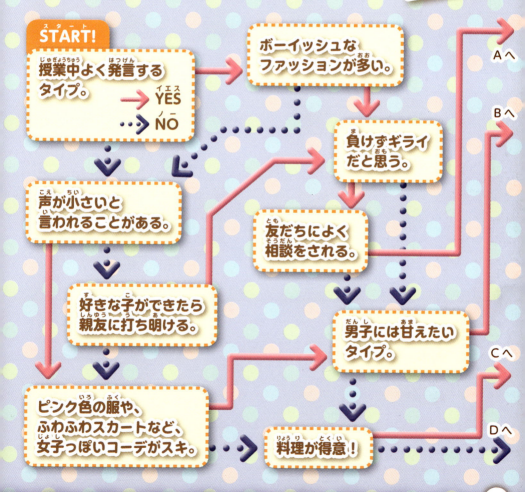

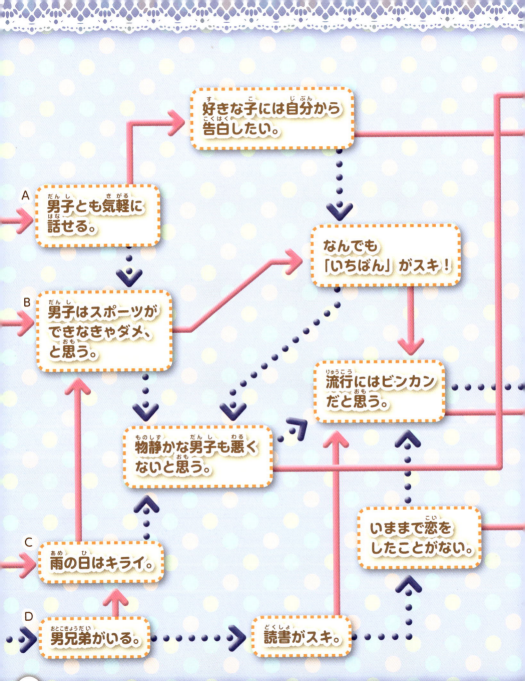

男の子に聞いたよ！キラモテ♥ファッション

ここでは男子ウケファッションを紹介しているよ。女子がカワイイと思うものと、ちがうかもしれないけれど、参考にしてモテ子になっちゃお♥

①えりつきワンピ

えりがついているだけできちんと見えるよ。キレイな色のカーデを合わせてもいいね。

男子のヒトコト！
ふわっ♥ キラッ♥ としてると、ついつい目が…♥

②ゆるかわトップス

ふわふわした手ざわりのものやキラキラのかざりがついたものをえらんで。色もパステルピンク、ミントグリーン、白などやさしい色がオススメ♥

③ガーリーボトムス

リボンやレースなどのモチーフがポイントになっているデザインをえらぶといいよ。

④キラリセンス小物

ファーえりやもこもこベレー、リボンの形のバッグなどで女の子らしさをアピール！

男子のヒトコト！
ワンピは男子が
ゼッタイ着られないから
あこがれるな!!

男子のヒトコト！
フリッとしたショーパンや
ミニスカは元気な感じでイイ！

ためしてみたよ！

リボンつきの
ショルダーバッグ

チェック柄の
えりつきワンピ
細めのベルトをしても
知的な感じで good！

キレイ色の
ふわゆるニット

ミニ丈
フレアスカート

キャメルの
ロングブーツ

121

あなたに足りないもの 診断 Test 23

パーフェクトな人はだれもいないけれど、そうなろうと努力することが大切。
まずは、自分の足りないところをさぐることから。

A をえらんだ子は…
最終チェック

えーと わすれものなし！

ちょっぴりおっちょこちょいのところがあるあなた。最後のチェックをちゃんとしないで失敗することが多くない？ 何をするのにも、最後にきちんと確認をしよう。

B をえらんだ子は…
いきおい

うん！ いま行くね！

何をするときも慎重なあなた。慎重すぎて出遅れてしまうことが多そう。ノリが悪いなぁと思われちゃうこともあるよ。スタートダッシュをするときもつくってみてね。

C をえらんだ子は…
真剣さ

うーん そうかー！

なんだかいつも急いでいる感じではない？ そんなつもりはなくても、パパッと返した返事が相手にはいいかげんに聞こえてしまうことも多そう。じっくり考える時間も持とう。

D をえらんだ子は…
笑顔

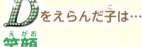

にっこり！

とってもマジメなあなた。いつもキンチョーしていて、笑顔になる時間が少ないかも。マジメな顔ばかりだと、自分も友だちも疲れちゃうよ。にっこり笑ってみよう。

Test 24 診断 あなたのかくれた性格をあらわす動物

だれでもかくれた性格を持っているもの。それを欠点にするか、チャームポイントにするかはあなた次第だよ。

をえらんだ子は…
ねこ
ちょっぴり気まぐれなあなた。あまり自分勝手にならないように気をつけよう。

をえらんだ子は…
くま
のんびり屋でまわりをイライラさせてない？ マイペースもいいけれど、スピードが必要なこともあるよ。

をえらんだ子は…
ハムスター
まめだけど、よくばりなところもあるみたい。あれもこれもとほしがらないようにね。

をえらんだ子は…
オウム
おしゃべりが大好きなあなた。話しすぎてうんざりされないように、友だちの話も聞こう。

をえらんだ子は…
いぬ
走り出すと止まらないあなた。ときには立ち止まってまわりを見てみることも大切だよ。

をえらんだ子は…
うさぎ
繊細なあなたは、キモチをかくしがちじゃない？ もう少し自分を出してみよう。

Test 25

このテストでわかるのは

あなたの エネルギー度は？

部屋にかざるカレンダー。あなたならどれにする？
A〜Eからえらんでね。

第4章 上級おしゃれガールになろう！

 A あこがれのアイドル のカレンダー

 B きれいな花の写真が いっぱいのカレンダー

 C 世界の景色を紹介 するカレンダー

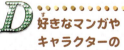 **D** 好きなマンガや キャラクターのカレンダー

 E 毎日めくるタイプの カレンダー

診断結果は次のページ！

あなたのエネルギー度

Test 25 診断

あなたの内に秘めたパワーはどれくらい？ もし、少なくてもだいじょうぶ。
人が持つエネルギーには波があるもの。その波をうまくつかむことが大切なの。

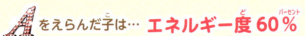

A をえらんだ子は… **エネルギー度 60％**

大好きなアイドルからエネルギーをもらっているあなた。その大切なパワーを上手に使ってかがやこう。

B をえらんだ子は… **エネルギー度 30％**

植物の力でいやされたいあなたは、パワーがちょっと落ちぎみかも。充電する時間を持って。

C をえらんだ子は… **エネルギー度 85％**

知らない世界に興味がいっぱいのあなたは冒険好き。フルパワーでガンガンいきすぎないようにね。

D をえらんだ子は… **エネルギー度 50％**

ものごとを想像する力が強いあなた。せっかくのエネルギー、頭の中だけで使いすぎないように注意して。

E をえらんだ子は… **エネルギー度 75％**

毎日しんせんな気分になりたいあなたにはパワフルな一面が。ここぞというときに力を発揮しよう。

今日のハッピーカラー占い

キライな色でわかる!!

スキな色は心を明るくいやしてくれるけれど、キライな色にも大切な役目があるって知ってた？ まず、テストにチャレンジしてみてね。

Q 朝、クローゼットを開けたあなた。
きょう、いちばん着ていきたくない服はどの色？

次のページに診断があるよ！➡

133

今日のハッピーカラー占い
診断

あなたがえらんだキライな色は、いまのあなたに足りないものを教えてくれているよ。つまりキライな色こそが、いま、あなたに必要な幸せをよぶ色！ 気分じゃないからとさけないで、色の魔法をためしてみて。

赤色の服をえらんだ人は

やる気がわかず、人前で自分をうまく表現できないみたいね。髪かざりやマフラーなど赤を少しだけ取り入れると、エネルギーが高まって積極的になれるよ。

オレンジ色の服をえらんだ人は

マジメに考えすぎ。つい悪い結果を想像しているんじゃない？ オレンジ色のアイテムを取り入れると周囲のテンポにのれて、ラッキーなことが増えるよ。

黄色の服をえらんだ人は

まわりの価値観にしばられ、本音をかくしているわね。心をはずませる黄色をトップスやボトムスに取り入れてみて。好奇心がわいてきて新しい発見があるよ。

緑色の服をえらんだ人は

自分をよく見せようとがんばりすぎてカラ回り。イライラしているね。トップスに緑色を取り入れると心がゆったりリラックスできて、恋や友情が深まるよ。

ピンク色の服をえらんだ人は
人に甘えられないあなたは、ひとりでがんばりすぎよ。重ね着の下などにピンク色を少し取り入れると、スナオになれるし、いろいろな人に助けてもらえるはず。

 ## 青色の服をえらんだ人は
キラわれるのがコワくて、人に気をつかいすぎ！胸より上のどこかに青色を取り入れると、たまったストレスが消えてスッキリ。自信もわいてくるよ。

 ## 紫色の服をえらんだ人は
現実的なあなたは、気分で動く人にふり回されて疲れ気味ね。紫色のものをほんの少し身につけると精神的に強くなれて、新しいチャンスにも恵まれるよ。

 ## 白色の服をえらんだ人は
言いわけばかりして自分をみがくことをわすれているね。トップスに白を取り入れると、コンプレックスから解放されて積極的になれるよ。出会い運も上昇！

 ## 黒色の服をえらんだ人は
まわりの人のキモチをくみ取るのはニガテみたいね。かばんや靴など小物に黒を取り入れると、心が柔軟になって、意外な人のやさしさやカッコ良さに気づくよ。

Lesson ワンランク上になる！その①
キモチがUPする魔法の習慣5！

ときには、体だけではなく、キモチもめいって、グッタリしちゃうことってあるよね…。
そんなグッタリモードをリセットして、リフレッシュする、とっておきの方法を教えるよ！

1 踊りまくる！
体を動かすと、気分転換になるよ！ スキなアイドルの動画を見ながら、大声で歌って、踊りまくるのがオススメ！

2 寝る！

疲れを感じたら、昼寝をするのも効果的！ 短時間、タイマーをかけて寝るといいね。長く寝すぎると、夜寝られなかったり、かえってボーッとするので気をつけて！

3 飲み物を飲む！

香りの良い紅茶やハーブティーを入れて、香りと味を楽しもう。テレビを見ながらなど、何かをしながらではなく、飲み物に集中するのがリフレッシュのコツ！

4 空を見上げる！
外に出て、空を見上げると、キモチによゆうが出て、小さななやみごとならふきとんでしまうこともあるよ！ 雲の動きや流れを見るのも楽しいね。

5 キレイな色のものを身につける！

服でもアクセサリーでも、自分のスキな、キレイな色のものをひとつ、身につけよう。下着でもいいよ！ キレイな色は不安やストレスを少なくする効果があるといわれているよ。

Test 26

このテストでわかるのは
他人（たにん）から見（み）たあなたは？

友（とも）だちへのプレゼント。あなたなら何（なに）にする？
A〜Dからえらんでね。

第4章 上級おしゃれガールになろう！

A ノートとシャーペン

B ヘアアクセ

C おかしのつめ合（あ）わせ

D ハンドタオル

診断結果は139ページ！

137

Test 27

このテストでわかるのは

あなたの コンサバ度は？

今日は楽しい仮装パーティ。あなたがしたいのはどの仮装？
A〜Dからえらんでね。

魔女

海賊

プリンセス

ゆるキャラ

診断結果は次のページ！

Test 26 診断 他人から見たあなた

自分で考えているあなたと、他人から見たあなたはちがうこともあるのがふつう。
でも、あまりかけ離れているなら、どこかムリをしているのかもしれないね。

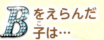
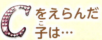

 マジメな しっかり者

 流行にびんかんな おしゃれ女子

元気な ムードメーカー

おっとり いやし系

第4章 上級おしゃれガールになろう！

Test 27 診断 あなたのコンサバ度

コンサバ度とは、ズバリお嬢さま度。でも、高ければいいわけではないよ。

A をえらんだ子は…
コンサバ度80％

定番魔女をえらんだあなたは、控えめでベーシックなものが好みだね。

B をえらんだ子は…
コンサバ度20％

新しいことが大好きなあなたなら、個性的な装いもバッチリきまるはず。

C をえらんだ子は…
コンサバ度60％

自分を変えてみたいというキモチもあるあなた。いろいろためしてみてね。

D をえらんだ子は…
コンサバ度40％

まわりにはとらわれない、自分独自のスタイルを持っているのはステキ。

139

Test 28

このテストでわかるのは
あなたの目指すべきレディは？

次の5つの質問に答えてね。
あまり考えないで、パッとえらぼう。

 どのネックレスが好き？

A 花のモチーフがついたビーズのネックレス

B パールのネックレス

C 小さな石や、十字架がついたネックレス

D 大きなかざりがついた長めのネックレス

 イヤなことがあったらどうする？

A ペットと遊ぶ

B 早く寝てしまう

C 友だちに聞いてもらう

D 音楽を聴く

どの犬が飼いたい？

A トイプードル

B ゴールデンレトリバー

C 柴犬

D マルチーズ

スキな香りはどれ？

A ちょっぴり甘い花の香り

B すがすがしい森の香り

C フレッシュなフルーツの香り

D エスニックなお香の香り

お手伝いしてみたいなと思うお店は？

A 花屋さん

B カフェ

C 本屋さん

D ペットショップ

あなたがえらんだ答えでいちばん多かったのはどれ？

A が多かったあなたはタイプ **1** ➡ 142 ページへ
B が多かったあなたはタイプ **2** ➡ 144 ページへ
C が多かったあなたはタイプ **3** ➡ 146 ページへ
D が多かったあなたはタイプ **4** ➡ 148 ページへ

第4章 上級おしゃれガールになろう！

タイプ 1 のあなたが目指すべきレディは
しっとり清楚

かわいいものが好きなあなたは、おとなになってもかわいいところを失わない、しっとり清楚なレディを目指そう。

しっとり清楚な女子は、ふんわりやさしい上品さが魅力。話し方や態度がただかわいいばかりになっちゃダメだよ。かわいさはときどき見せるのが○。

しっとり清楚を目指す あなたへのオススメ

ファッションはガーリー系でかわいくまとめて。かわいいアイテムはしぼってアクセントに使うと、しっとり落ちついた、おとなかわいいガーリーになるよ！

ヘアスタイルや、ヘアアクセもふんわり。

コートもふわふわのファーつきなら、やさしくかわいらしい印象に。

落ちついたやわらかいイメージにするには、あわい色を組み合わせて。

ミニフレアのスカートが、おとなかわいい。

小さめのバッグが上品。かわいい色をえらべばアクセントにも。

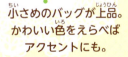

第4章 上級おしゃれガールになろう！

タイプ 2 のあなたが目指すべきレディは
しっかりお姉さん

落ちついていて、だれとでもいい関係が築けるあなたは、みんなのあこがれ、しっかりお姉さんタイプのレディを目指そう。

見た目も中身も、いつもきちんとしているところが、あなたの魅力になっていくはず。だけど、みんなにたよられてつかれたら、ときには息をぬいてね。

しっかりお姉さんを目指すあなたへのオススメ

あなたのイメージにはOL風のきちんとした感じのファッションがピッタリ。バリバリ仕事ができそうな、すっきりクールな印象にまとめよう。

きちんとを目指すには、まずは清潔さが大切。

パリッとしたシャツで、きちんと感がアップ。

トレンチなど、かちっとしたコートで、カッコよく。

ソックスははかず、ストッキングでおとなっぽく。

タイトスカートで、できるおとなのイメージに。

第4章 上級おしゃれガールになろう！

タイプ3のあなたが目指すべきレディは
知的女子

好奇心が旺盛で、とってもナチュラル、友だちも多いあなた。
いつでも学ぶ姿勢をわすれない知的なレディを目指そう。

新しいことに敏感で、知識も豊富、自分に役立つ情報をどんどん取り入れていくのが知的女子。本をたくさん読んで、いろいろなことを吸収していってね。

知的女子を目指すあなたへのオススメ

知的女子をステキに見せるのは、カジュアルだけれど、どこかにかしこさを感じさせる女子大生のようなコーディネート。

第4章 上級おしゃれガールになろう！

- だてめがねで、学ぶ姿勢やかしこさを演出。
- スウェットシャツやパーカーで、カジュアルに。
- 本や、筆記用具を入れた、大きめバッグをいつも持って。
- ピーコートや、プリーツスカートは女子大生の定番。チェック柄もかわいい。
- ソックスをはくのも女子大生風。

147

Test 28 診断 タイプ4 のあなたが目指すべきレディは
個性派女子

人とはちょっとちがったところに興味があるあなた。あなたはあなたらしく、自分の考え方を生かしていって。個性派のレディを目指そう。

まわりにとらわれない自分を持っているのが個性派女子の魅力。ただし、いつでも自分の考えを通せるとはかぎらないから、柔軟なキモチもわすれないで。

個性派女子を目指すあなたへのオススメ

個性派のあなたがかがやいて見えるのは、ちょっぴりマニッシュなロックテイストのコーディネート。いつでも攻めの姿勢で、カッコよく。

ぱっと見たときの印象を大きく変える帽子をうまく使おう。

イヤリングもとってもいいアクセントになる。

はっきりしたボーダーなどで、キリッと引きしまった感じに。

細みのパンツや、ショートパンツ、ミニタイトがカッコいい。

くつもマニッシュに。コンビカラーもステキ。

第4章 上級おしゃれガールになろう！

149

上質レディになる！
服をえらぶときの大事なコト！①

ここでは"おしゃれアドバイザー・ヨーキー"が服をえらぶときのポイントをわかりやすく紹介しちゃうよ！

サイズに合った服を着よう！

体型や身長に合った服を着ることはとっても大事。ダボダボのゆるい服を着ていると太りやすくなるよ。パンツはゼッタイ試着してライン（形）をたしかめてね。

いろいろなスタイルに挑戦してみる！

自分の好みをしっかり持つのはとっても大事だけれど、ときには冒険してみるのもいいよ。マンネリにならず、思ってもいなかったものがにあったりして、おしゃれがもっと楽しくなるはず！

全身を鏡でチェック！

洋服を着たら、全身をかならず鏡でたしかめて。ひとつひとつはにあっているのに、コーディネートしてみるとなんだかチグハグなんてことも…トータルバランスがいいのが真のおしゃれ上手さん！

他人の意見を聞く！

親やきょうだい、友だちの意見を参考にするのもいいよ。試着したら見てもらったり、雑誌を見ながら話してみてもいいね。

Test 29

このテストでわかるのは

あなたの自立度は？

かわいいTシャツを発見！ 自分にあうかたしかめるのに あなたならだれに聞く？ A～Dからえらんでね。

第4章 上級おしゃれガールになろう！

A 家族　B 友だち　C 店員さん　D だれにも聞かない

診断結果は次のページ！

あなたの自立度

自分でお気に入りを見つけることができるのは、自立心が育っている証拠。
つっぱるのが自立じゃないよ。周囲の人と良い関係をつくれることが自立への道。

A をえらんだ子は…
自立度 40％

おうちの人との信頼関係がしっかりしているあなた。あとは、甘える部分を少なくしていくだけでOK。お手伝いもしっかりしてね。

B をえらんだ子は…
自立度 50％

自分に意見を言ってくれる友だちがいるってすばらしい！　そしてその意見を聞けるあなたもステキ。良い友だちを増やしていこう。

かわいいけどにあわないと思うよ

C をえらんだ子は…
自立度 80％

店員さんに相談ができるおとなのあなた。いいアドバイスと、そうでないアドバイスを判断する力を持てばもうカンペキ！

色ちがいもありますよ

D をえらんだ子は…
自立度 70％

自分の考えで、ものごとを決められるしっかり者。ものの見方をさらにみがくために、周囲の人からの情報にも注意をはらっていこう。

ちょっと着てもいい？

Test 30

このテストでわかるのは

あなたの流行敏感度は？

おしゃれなカフェに来たあなた。どの席にすわる？
A〜Dからえらんでね。

第4章 上級おしゃれガールになろう！

A テラス席
B 入口近くの席
C 壁のほうを向いた席
D 店の中が見える席

診断結果は次のページ！

153

あなたの流行敏感度

いつもアンテナをはっているのが流行に敏感な人。敏感なだけではなく、その情報を自分に合わせてうまく取り入れられたらステキだね。

A をえらんだ子は…
流行敏感度 80％

店先を通る人がよく見える席をえらんだあなたは、流行に敏感な観察好きで、自分が見られるのも平気なおしゃれさん。

B をえらんだ子は…
流行敏感度 40％

入口に近い席は落ちつかないけれど、人の出入りがよくわかる。身軽に動いて、情報を集めるタイプだね。

C をえらんだ子は…
流行敏感度 20％

あなたはじっくり落ちついて情報を調べたいタイプ。とってもいいことだけれど、新鮮な情報にも目を向けよう。

D をえらんだ子は…
流行敏感度 60％

ゆっくり全体を見ることができる席をえらんだあなたは、バランスよく流行を取り入れていけるはずだよ。

あれならわたしも…

あなたの空気読み度は？

このテストでわかるのは

1枚の白いハンカチ。あなたならこのハンカチをどんな模様にしたい？　その模様をかいてみてね。

第4章　上級おしゃれガールになろう！

診断結果は次のページ！

あなたの空気読み度

あなたはどんな模様をかいた？
自分がかいた模様に近いものの
診断を読んでね。

 しま模様……60％

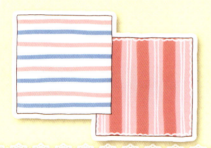

自分の意見を正直にスッと言えるあなたは、人の考えていることもよく聞いて、くみ取ることができるタイプ。話し合いでその力を発揮してみよう。

 チェック……90％

落ちついているあなたは、みんなのことを考えられるお姉さんのようなタイプ。まわりのことを考えるだけではなくて、自分の意見も言ってね。

C 水玉模様……40％

冷静で、人は人と思っているところがあるクールなあなた。人に流されないキモチはとても大切。だけど、ちょっとだけまわりの雰囲気も考えよう。

D ギザギザや、△……20％

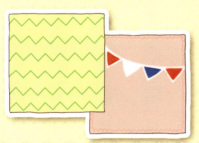

人気者のあなたは、いつも自分が中心でいたいのかもしれないね。そのためには、空気を読んで周囲に合わせることも必要だよ。

E 植物や動物など自然の模様……80％

その場の雰囲気をとっても大切にするあなた。自然と周囲の人をなごませてしまう力を持っているはず。気を使いすぎないようにね。

第4章 上級おしゃれガールになろう！

Lesson ワンランク上になる！その❷
ステキなテーブルマナーを身につけよう

どんなに美人でステキな服を着ていても、食事のマナーを知らないとガッカリされちゃう。最低限のマナーを覚えておこう。

ナイフやフォークのルール

- ナイフは右手、フォークは左手に持つ。
- ナイフとフォークがいくつもならんでいたら、外側から順番に使う。

- カチャカチャ、クチャクチャ、音を立てないように食べて、食べ終わったら、横にそろえて置く。

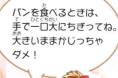

まだ食べているときの置き方はこちら。

パンを食べるときは、手で一口大にちぎってね。大きいままかじっちゃダメ！

Lesson ワンランク上になる！その❸
およばれカンペキマナー！

友だちの家に行くのって楽しいよね！　でも、友だちの家は、人の家！
「おじゃましている」ことをわすれず、「また来てほしい」と思ってもらえるようにしよう！

玄関で

あいさつしよう！

キホン的なことだけれど、あいさつができる女の子はそれだけでポイントアップ！笑顔でハキハキあいさつしよう！

おうちの人が玄関にいない場合も、家の中に向かって声をかけるようにしよう！

くつをそろえよう！

くつをぬいで上がってから…

自分のほうにくつの向きを変えてそろえる！

NG　およばれダメダメ5

こういうことをしちゃうと、二度とよんでもらえなくなるかも…！

× 通された部屋以外の部屋に入る

× 冷ぞう庫を開ける

おやつを出してもらったら…

「いただきます！」をわすれずに！

「いただきます！」と言ってから、遠りょせずに食べよう。食べ終わったら、「ごちそうさまでした」もわすれずに！おうちの人に「おいしかったです！」なんて、声をかけることができれば、女の子らしいよね！

もしも食べられないものだったら…？

ニガテなものやアレルギーなどで食べられないものを出された場合は、ムリせず正直に言おう。説明せずに、食べないのは感じが悪いから、やめようね！

帰る時間

遅くなりすぎないように！

遅くなると、友だちの家の人にめいわくをかけてしまうことが。自分から「そろそろ…」と声をかけられるようにしよう。

あいさつをしよう！

おじゃましました！ありがとうございました！

元気に、にこやかに、がポイント！

× 引き出しを開ける

× 大はしゃぎする

× 散らかしっぱなし

上質レディになる！
服をえらぶときの大事なコト！②

ここでは"おしゃれアドバイザー・ヨーキー"が服をえらぶときのポイントをわかりやすく紹介しちゃうよ！

いろいろな色をためす！

同じ赤でもいちごのような赤もあれば、ミニトマトのような赤もあるよ。どの種類の色がにあうか顔に洋服を当てて、チェックしてみよう。にあう色を見つけるには、いろいろな色にチャレンジしてみるのが近道。失敗をおそれないで！

ヘアスタイルと洋服を合わせる！

えりがつまった服はアップスタイルにして、かわいらしいえりをアピールするのが◎。逆にえりぐりが広いものはダウンスタイルにして、胸元がさみしくならないようにするといいよ。ヘアスタイルも服の形とのバランスを考えてね。

いつもおしゃれを心がける！

毎日同じ服でいいや、何でもいいや…なんて思っていたらおしゃれでかわいい女の子にはなれないよ。おしゃれをしようというキモチがステキなレディにしてくれる魔法。まずは楽しむことから始めてみよう。

笑顔が大事！

どんなにかわいい服を着ても、暗い表情ではちっともステキに見えないよ。笑顔で明るく、はなやかに！洋服だって見ちがえるほどキレイに見えるよ！

Test 32

このテストでわかるのは

あなたの運命の引きよせ度は？

あなたがこれから習ってみたい、やってみたいことはなに？
A〜Eからえらんでね。

第4章 上級おしゃれガールになろう！

A 料理やお菓子づくり

B 英会話

C バレエやダンス

D パソコン

E 書道

診断結果は次のページ！

Test 32 診断 あなたの運命引きよせ度

運命を引きよせるのに必要なのは、なんといってもやる気と根気‼ これからやってみたいことは％を気にせずにどんどんやってね。いろいろな経験をして自分の良さを見つけていこう。

A をえらんだ子は… 引きよせ度 60％

自分も楽しみ、人にも喜んでもらいたいと思うあなた。きっと、いつでもまわりからの心強いサポートがあるはずだよ。

B をえらんだ子は… 引きよせ度 80％

英語が話せると世界がぐっと広がるね。たくさんの人と話したいと願うあなたは、そのコミュニケーション能力を生かしていこう。

C をえらんだ子は… 引きよせ度 70％

自分で何か表現をしたいあなた。アピールする力や、行動力が大きな魅力になるよ。その魅力をみがき、チャンスをつかもう。

D をえらんだ子は… 引きよせ度 40％

パソコンでは、情報を得たり、何かを作成したり、ものすごくたくさんのことができるね。その先は未知数。いろいろな可能性をさがしてみよう。

E をえらんだ子は… 引きよせ度 50％

集中して何かに取り組みたいあなた。キモチをしずめ、集中力を高めることができれば、どんな運命だって引っぱれるはずだよ。

夢をかなえる！ My Dream Note マイドリームノート

名前
....

チャレンジ してみたいコト ベスト3

例）フィギュアスケートを習ってみたい！

食べてみたいモノ ベスト3

例）近くにオープンしたカフェの スペシャルホットケーキ

友だちと 行きたい場所 ベスト3

例）スキなアイドルのコンサート

こんなレディに なりたい ベスト3

例）めちゃかわいくておしゃれな女子…
芸能人だと○○かな～

自分がやってみたいコト、行きたいトコ、
食べたいモノなど、自由に書いてみてね！
近い将来のコトでも少し先のコトでもなんでもいいよ♪

カレもしくはスキな人と行きたい場所 ベスト3

例）ロマンティックに
　　プラネタリウム♥

♥
♥
♥

告白するもしくは告白されるなら、こんなふうがイイ ベスト3

例）ダブルで告白される（ふたりから！♥）

◆
◆
◆

3年後、こんなコトができていたい ベスト3

例）K-POPダンスをフルで踊れる

✓
✓
✓

こんなカレシがほしい ベスト3

例）やさしくて、笑顔のかわいい人！

▶
▶
▶

169

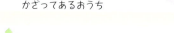

こんなおうちに住みたい！ ベスト3

例）キレイで部屋のあちこちにお花がかざってあるおうち

行ってみたい国 ベスト3

例）おフランス！

長〜いお休みがとれたら、これをしたい！ ベスト3

例）ひたすら寝る

一日体験ができるなら
何の職業がイイ？ ベスト3

例）パティシエ

✓

✓

✓

1000万円使えるなら
これに使う！ ベスト3

例）世界一周旅行

♣

♣

♣

飼いたいペット ベスト3

例）フェレット、コアラ、アルパカ

◆

◆

◆

3年後、10年後、
ここに書いたコトは
きっとかなっているはず…
読み返してみてね…♥

ヒミツのおしゃれレッスンのおさらい①

ヒミツのおしゃれレッスンはくり返すことがとっても大事♥
ここで紹介していることができているか、□に✓を入れて確認しながら習慣にしていってね。

□ 洗顔料ははじめにTゾーン、すすぎはていねいに♥

皮脂の多いTゾーンに泡をのせてクルクルしてから全体に。すすぎは泡がなくなるまでしっかり流そう。

□ 出かける前に全身のコーデを鏡でチェック！

全身のコーデがおかしくないか鏡でチェック。下着が出ていないか、後ろ姿はおかしくないかもたしかめよう。

□ 正しい姿勢を心がける

肩甲骨を真ん中によせて、肩が内側に入らないにしよう。胸に目がついているイメージで猫背を防止！

□ キレイな笑顔でキモチも明るく

口の両サイド（口角）を上げたらそのまましっかり歯を見せてスマイル♥

☐ 両足をそろえて腰からしゃがむ

ものを拾うときは両足をそろえて、腰からしゃがもう。拾うものにできるだけ近づいてね。

☐ いろいろなスタイルに挑戦してみる

いつもとちがう色の服をえらんだり、ヘアスタイルを変えてみたり、たまにイメージチェンジをしてみると、おしゃれの幅も広がるよ。

☐ メッセージカードをプレゼントにそえる

友だちにプレゼントをおくるときはメッセージカードをそえよう。相手への感謝のキモチをわすれないでね。

☐ 目立たせたいポイントをひとつにしぼる

目立たせたいアイテムが引き立つように、ほかはシンプルにすることを心がけて。

☐ 友だちやおうちの人のアドバイスをもらう

自分ではおしゃれが決まったと思っていても、おかしいときもあるから、友だちやおうちの人に意見を聞くようにしよう。

☐ 正しいはしの持ち方をマスターする

下のはしを動かさず、上のはしだけを中指、人差し指、親指を使って動かし、ものをはさもう。

173

ヒミツの おしゃれレッスンの おさらい②

そのチョーシ、そのチョーシ！毎日心がけてステキなレディになってね!! フレ〜！フレ〜!!

□ 深めのえりぐり、大きめのマフラーで小顔をゲット！

深めのVネックですっきり顔に見せよう。マフラーははなやかで大きめのものを巻いて小顔効果をねらって。

□ スキな人ができたらリボンを意識♥

「縁を結ぶ、キモチを結ぶ」などの願いがこめられたリボン。リボンでヘアをまとめたり、リボンモチーフの服や小物をえらんだりしてみよう。

□ 相手の話をじっくり聞く

相手が話しているときは、口をはさまずにじっくり聞こう。

□ きちんと相手の目を見る

相手が話しているときも、自分が話すときも相手の目を見よう。

☐ よびとめられたら上半身ごと相手に向ける

ふり返るときは首だけではなく、相手に体ごと向けるようにしよう。

☐ カメラを向けられたら顔に手を置く

顔の近くに手があることで小顔効果に。とっさに写真を撮ることになってもバッチリだよ。

☐ どんな顔型にもにあうシャツえりにチャレンジ

どんな顔の形の人でもにあうシャツえり。持っていなかったらチャレンジしてみよう。

☐ よそのおうちに行ったら玄関であいさつを！

こんにちは！

おじゃまするときは、かならずあいさつをしよう。何も言わずにそのまま家にあがるのは失礼だよ。

☐ よく寝て疲れをとる

早寝早起きをしよう。肌にもいいし、疲れがしっかりとれてキモチいいよ。

ここで紹介していることをマスターすれば、キレイも礼儀正しさもおしゃれもアップすることまちがいなし！毎日心がけて自信をつけよう！

監修(ファッションページ)

井上裕子 (いのうえ ゆうこ)

ファッションスタイリスト。文化服装学院スタイリスト科卒業後、広告撮影会社に勤務。その後、ファッションスタイリストのアシスタントとして2年間修業し、フリーのスタイリストに。独立してからは、雑誌を中心にCM、広告、カタログ、TV等の仕事に幅広く関わる。結婚出産後の現在は自身の経験や現場の声をもとにした子ども服中心のセンスあふれるスタイリングに定評があり、企画、構成、おしゃれの提案等、活躍の場をより一層広げている。

カバーイラスト、漫画／ミニカ
本文イラスト／あおい みつ、あゆみ ゆい、池田春香、小山奈々美、紫月あざみ、
　　　　　　　白沢まりも、naoto、フクシマ ハルカ、ミニカ、よこやま ひろこ
心理テスト執筆・遊びページ協力／漆原 泉、加藤千鶴、菊池麻祐、五明直子
本文デザイン／有限会社チャダル
カバーデザイン／橋本千鶴
校正／株式会社みね工房
編集協力／株式会社童夢
編集担当／澤幡明子(ナツメ出版企画株式会社)

ナツメ社Webサイト
http://www.natsume.co.jp
書籍の最新情報(正誤情報を含む)は
ナツメ社Webサイトをご覧ください。

恋も友情もうまくいく！ おしゃれ&心理テスト

2015年3月30日　初版発行

監修者　井上裕子　　　　　　　　　　　　Inoue Yuko,2015
発行者　田村正隆

発行所　株式会社ナツメ社
　　　　東京都千代田区神田神保町1-52　ナツメ社ビル1F (〒101-0051)
　　　　電話　03 (3291) 1257 (代表)　　FAX　03 (3291) 5761
　　　　振替　00130-1-58661

制　作　ナツメ出版企画株式会社
　　　　東京都千代田区神田神保町1-52　ナツメ社ビル3F (〒101-0051)
　　　　電話　03 (3295) 3921 (代表)

印刷所　株式会社技秀堂

ISBN978-4-8163-5807-4　　　　　　　　　　　　Printed in Japan

本書に関するお問い合わせは、上記、ナツメ出版企画株式会社までお願いいたします。
<定価はカバーに表示しています>
<乱丁・落丁本はお取り替えいたします>